12인 시집

달빛에 사랑을 담다

김선우
김용원
김용희
박민순
서정택
손창완
양길순
이상정
이서연
이원규
전경만
황백조

| 권두시 |

냉이꽃 편지

송암 김 선 우

일제 강점기 시절
성주이씨 가문에 외동딸로 태어나신 어머니
열세 살 어린 나이에 열 살이나 더 드신
아버님에게 시집오셨던 까닭은
일본 제국주의자들이 무작위로 징용을 했었던
위안부의 잔악한 횡포를 피하기 위함이셨습니다

동구 밖을 벗어나실 때
가마 안에서 바라다본 앞산 뒷논에서는
개구리 울음소리가 한창이었고
보리밭 하얀 냉이꽃 사이로
종다리 울음소리가 가슴을 때렸습니다

어머니!
성주의 보리밭에서 보았던
하얀 냉이꽃 같은 눈발이 천지를 뒤덮던 날
아버님을 하늘나라로 보내시고
홀로 붉은 수수밭을 지나는 것처럼
오랜 세월 눈을 붉히고 사셨습니다

어린 아들 삼 형제를 키우시랴
그 많은 농사를 지어 거두시랴
얼마나 많은 굳은살이 고운 손에 박혔던지
그 굳은살이 광산김씨 집안을 지킨 파수꾼이었습니다

어머니 !
살아생전 어깨 한 번 주물러 드리지 못했던
불효자 이 아들
까마중이 씨를 내려
또 다른 까마중의 새싹이
화원 밖에서 흔들리고 있는 풍경을 보며
어머니의 마지막 숨결을 기억합니다

며느리의 무릎 위에서 맞는 임종 앞에서도
며느리의 얼굴을 물끄러미 바라보시며
"에미야! 이제는 널 믿고 난 가야겠구나"
하시며 소풍을 떠나듯 그렇게 가셨습니다

이제 일흔이 넘어 다시 어머니를 생각하매
하염없는 눈물이 흐릅니다
다시 어머니를 일 분 만이라도 볼 수 있다면
칠십 년을 하루로 여겨
어머니의 어깨를 주물러 드리겠습니다

다시 불러 봐도 그리운 그 이름 어머니!
다시 만날 날을 기다리며
어머니의 고향에서 본
하얀 냉이꽃 같은 눈물을 뚝뚝 흘리렵니다.

| 차례 |

권두시 · 김선우 / 냉이꽃 편지 · 2

**송암(松岩)
김선우**

봄과 가을 사이에서 · 12
미소를 사랑했던 시인 · 13
여명의 그리움 · 14
당신은 그런 사람 · 15
고향 생각 · 16
바보 · 17
세상에서 · 18
비 오는 날 · 19
매화, 꽃등 켜다 · 20
백년 · 22

**남우(男禹)
김용원**

이별은 사랑보다 크다 · 26
3월 봄비 · 28
미투 봄비 · 29
상주화령의 초록데이 · 30
주먹밥 · 31
아부지 · 1 · 32
아부지 · 2 · 33
아부지 · 3 · 34
아부지 · 4 · 35
아버지와 외출 · 36

안월(雁月) 김용희

백조의 호수 • 40
도시의 달 • 41
동행 • 42
산길과 달 • 43
반달 • 44
사랑은 자격이다 • 45
화분 • 46
어바웃 타임 • 47
칼의 기억 • 48
봄 이야기 • 49

박민순

봄까치꽃 - 큰개불알풀 • 52
민들레 • 54
목련꽃 • 56
그 길 • 57
어머니의 유채꽃 • 58
호미 • 60
아내의 지우개 • 62
운암뜰 • 64
소나무 뜨락 • 65
고향 가는 길 • 66

| 차례 |

서정택

냉이꽃 아내 • 70

빈처 • 71

아버지의 시간 • 72

허수아비 • 73

목련 국수 • 74

분첩 • 75

세한의 북소리 • 76

꽃지짐, 달지짐 • 77

아끼꼬 • 78

안부 • 80

불악(佛樂) 손창완

어머니의 밥상 • 84

기찻길 옆 • 86

꽃구경 가자 • 88

능소화 • 89

불볕더위 • 90

누굴 위한 빈 그릇 • 92

조팝꽃 • 94

진보랏빛 • 96

호숫가에서 • 97

월급봉투 • 98

양길순

아네모네 • 102
꽃의 연대기 • 103
버리고 온 굿바이 선길도 • 104
시를 점등하다 – 첫눈 • 105
달 • 106
외등 • 107
슬픈 블라인드 • 108
수수수! – 10월 • 109
청소기 • 110
만감(萬感) • 111

시중(詩中) 이상정

여행을 위한 서시 • 114
누구나 짊어지고 가는 짐 • 116
시인인가 되묻다 • 117
사막에 꽃으로 피어나리라 • 118
이 길을 걸으며 • 119
인생계략 · 4 • 120
인생계략 · 8 • 121
붉은 광장 • 122
한하운 선생과 까닥마이신 • 124
몬순의 땅 • 126

| 차례 |

이서연

사랑 • 130
사랑이란 • 131
그런 사람을 만났습니다 • 132
그대 사랑의 온도는? • 134
사랑에 묻다 • 136
언니의 밥상 • 137
그리움, 사랑의 또 다른 여명 • 138
그리움이 있어 좋은 날 • 139
시나브로 • 140
여전히 • 142

경암(鏡巖) 이원규

줄긋기 • 146
나무를 심다 • 147
은행을 털다 • 148
나사論 • 150
멸치 • 151
걸어 다니는 나무 • 152
일어나라 돌부처 • 154
수평선 • 156
매의 눈으로 세상을 보라 • 158
초읽기 • 161

전경만

- 반쯤 남은 달빛 • 164
- 그대 향기는 한결같아서 • 165
- 가을비 • 166
- 땅속을 가로지르는 인생 • 167
- 비정규직에게 고함 • 168
- 시대유감 • 170
- 저녁 뉴스에 밥알이 곤두서고 • 172
- 휴일 • 173
- 임금피크제 • 174
- 소쩍새 운다 울어 • 176

황백조

- 파란 낙엽 • 180
- 백조와 호수 • 181
- 가슴과 머리 • 182
- 산수유 추억 • 184
- 메마른 가슴 • 186
- 소라의 이야기 • 187
- 하얀 도화지 • 188
- 영원한 사랑 • 190
- 그런 날 있잖아요 • 191
- 잃어버린 다리 • 192

작품해설
누군가의 인생길에서 이정표가 된다면 / 경암 이원규 • 194

송암(松岩) 김선우

봄과 가을 사이에서

미소를 사랑했던 시인

여명의 그리움

당신은 그런 사람

고향 생각

바보

세상에서

비 오는 날

매화, 꽃등 켜다

백년

시인, 경기도 오산시 출생
『문예사조』, 『한국작가』 등단
현)국제PEN클럽 한국본부 회원, 한국문인협회 회원
한국국보문인협회 자문위원
저서 : 시집 『흙에서 캔 나의 노래』 외 8권
시선집 : 『길에서 화두를 줍다』
수필집 : 『삶의 지혜』, 명언집, 『그 말을 거울로 삼고』
『이 말을 거울로 삼고』(근간)
수상 : 오산시민대상(애향부문), 경기도문학상,
후백 황금찬 시문학상 대상, 한국글사랑문학상 대상 등 다수

봄과 가을 사이에서

세월은
구름에 묻어 흘러가고
봄이 오고 또 가을이 가는 사이
푸르렀던 시절은 국화 옆에서 더욱 시리다
아쉽고
안타까움만 남겨둔 채
겨울 나그네의 긴 여정을 떠나는 발길
상처 주고
상처받으며
전사처럼 살아온 날들이
눈에 밟힌다

별이 뜨는 밤이면
어디론가 사라진 내 별들이
더 그립다.

미소를 사랑했던 시인

네가 그리운 날이면
별을 본다
세월은 속절없이 무너져도
빛나는 너의 모습
환한 꽃씨가 되어
해묵은 내 오랜 텃밭에
백송이 꽃을 피운다
너는 그 안에서
노래가 되어 주고
반짝 빛을 발하는
메아리가 되어
슬프고 고단한 내 시의 행간마다
밝은 미소를 뿌려준다
나는 그 미소를 사랑하였으므로
네가 그리운 날이면
밤하늘
별을 본다.

여명의 그리움

서산 문턱에 걸려
해를 쏟아내고 있는 노을을 따라
나의 화원이 저문다
새털구름처럼 가벼웠을
나의 삶들아!
구름은 바람을 잡을 수 없고
나 또한
세월을 잡을 수 없었음에
허망해진 슬픔이
나의 눈가를 맴돈다
설령 그랬더라도
내 인생 저만치서 움트고 있는
여명의 그리움아!
무거우면 무거울수록
가벼워지는 네가 보인다.

당신은 그런 사람

돌아서면
하고 싶은 말 있는 것 같은 사람
허공을 쳐다보면
하늘을 도화지 삼아
그 얼굴 그려보고 싶은 사람

한 번쯤은
만났던 사람 같은 사람
허락될 수 없어
다음 생에 만날 것을 약속한 사람

그대 얼굴 알 듯 모를 듯
생각나지 않아
자꾸자꾸 생각하게 하는 사람
자꾸자꾸 생각하니
이제는
마냥 그리운 사람

당신은 내게 그런 사람입니다.

김선우

고향 생각

영마루 한가로이 구름 쉬어가는
어느 날 가을 오후
소슬한 바람 부니
가슴도 쓸쓸하다
물소리
산새 소리
모두 고향 같은데
코스모스 꽃길 가꾸던
울 엄마는 어디 갔나

달은 밝아 느실난실
달빛 꼬고 앉아 있는데
어디 어느 풀숲에서
이름 모를 풀벌레 소리
들국처럼 환히 피는
지금도 고향 밭에선
청고추 붉게 익어
흰 수건을 동여매신 울 엄마
뙤약볕에 앉아 있겠네.

바보

길고도 짧았던
지난
봄 · 여름 · 가을 동안
나의 애틋한 사랑은
시간 속에
묻혀서 갔고
다하지 못한
인연과 사랑에
눈이 먼 사람

외로워도 눈 뜨고 있는
텅 빈 달이 부럽다.

세상에서

세상에서
가장 따가운 것은
바늘에 찔린 손가락인 줄
알았더니
오곡이 익어가는
가을 햇볕이 더 따갑더군요

세상에서
가장 힘든 것은
가난인 줄 알았더니
그대 그리움이 더 힘들더군요

세상에서
가장 행복한 것은
그대와 함께하는 시간입니다.

비 오는 날

등 굽은 버드나무 아래
비 젖은 비둘기가 앉아 있다
흠뻑 젖어 추레해진 깃털을
털어낼 생각도 못 하고
흙에 부리를 박고
무언가를 찾고 있다
세상 복판이라서 그런지
부리에 물리는 것 하나 없는데도
연신 흙을 헤집고 있다
나도 칠순이 넘어가도록
빈 허공을 움켜쥐려
부리를 흔들며
살지는 않았는지…
나이에 눌려 납작해진
손바닥을 펼치니
조국 강산이 손금에 가득한데
그래도 헛살지는 않았는지
골골마다 맑은 피가 고여
콰르르 콰르르
강을 향해 흐르고 있다.

매화, 꽃등 켜다

꽃은 늘
동구 밖을 향해 피어 있었다
흥건해진 꽃잎을 발돋움하여
누군가를 기다리는 동안
싸리나무 사립문 사이로
눈 몇 알갱이가
슬금슬금 기어들곤 했다
울어야 한다면
차라리 울어버리고 싶었지만
물에 젖어
축 늘어진 종이 인형처럼
온몸엔 흰 눈 입은 수식어가
내 모든 나뭇가지를
잠식하곤 했다
꽃을 빙자하여 피는 그리움은
눈도 아니고
달빛은 더더욱 아닌
환각에 불과했을 뿐인데…
그래도

한 번쯤은 취하도록 피어
꽃등 달아야겠기에
삭정이처럼 울고 있는
살얼음의 발자국을 들으며
긴긴 겨울을
견뎌 보는 것이다.

백년

마등산 나뭇잎 지는 소리가
사무치게 그리운 날

구름의 집은 바람 부는 쪽에 있고
사람의 집은 마음 머무는 곳에 있다고
누가 일러준다

또 하루가 그냥 지나간다.

남우(男禹) 김용원

이별은 사랑보다 크다

3월 봄비

미투 봄비

상주화령의 초록데이

주먹밥

아부지 · 1

아부지 · 2

아부지 · 3

아부지 · 4

아버지와 외출

시인
경북 상주 화령 출생
현)한국문인협회 회원, 국제PEN클럽한국본부 회원
글길문학동인회 회장, 오산독도사랑운동본부 회장
㈜블루뱅크 대표이사
저서 : 제1시집 『내 삶의 나무』
　　　제2시집 『그대 날개를 보고 싶다』
수상 : 황금찬 시문학상 등 다수

이별은 사랑보다 크다

사랑은 서로 배려가 필요했다
스승님을 떠나보내고
아니다,
좋은 세상 소풍 오셨다가 돌아가셨다
많이 쓰고
많이 행복했고
많이 사랑도 했을 거다
많이 버리고
많이 아프고
그렇게 세상에
김
대
규
이름 석 자를 남기고
마실 오셨던 것처럼 77년을
아니
정확히 75년을 누구보다 행복하게 사시다 가셨다

내 마음도 잠시 겨울인가 했다
알고 보니
그렇게 슬퍼할 아파할 시간이 없다
잠시 감기처럼 계절을 보내듯 보내고 봄을 맞이할 게다
너의 노크에
너의 속삭임에
너의 사랑에 침묵하지 않고 반응할 거다
내가 뭐라고
연어처럼 아름다운 봄날을 거슬러 막겠는가
잠시 꽃샘추위처럼 아프리라.

3월 봄비

봄비는 아프다
겨울을 이겨낸 인내 덩어리인 결정체들로
지독한 감기처럼
독한 그리움으로 처방전으로 다스린다
봄비는 아메리카노 한 잔이다
시간이 지날수록 카페모카처럼 부드럽게 밀려온다
딱딱한 나뭇가지에
모래톱처럼 사랑에 상처도 내고
새싹을 손톱처럼 숨겨 키운다
가끔 봄비는 따뜻하게 그리움을 품고
안개꽃처럼 마음을 숨기고 있다.

미투 봄비

빗소리는 밖에서만 내지 않았다
내 마음에 차박차박거리며
마른 나무에 잎새든 꽃이든 피워내려고 한다
자꾸만 서툰 잎새가 되어 그리움을 피워낸다
지금은 봄비에
아마 갑옷 같은 외투도 약해져 있을 거야
이때다
까진 몸에서 새살이 돋듯
힘주어 겨우내 여몄던 두꺼운 외투를 뚫어낸다
젖가슴처럼 연한 새싹이 열심히 밀어낸다
잎새가 되면 어떻고 꽃이 되면 어떠리
희망을 앞세운 용기 좀 보소
순종하지 않고 깨려는 저 모습
꼭 변하게 할 거야.

상주화령의 초록데이

시골에는 초록데이가 시작된다
매일매일 대지를 빨아들인 혀 길이만큼 잘라낸다
고향에는 화이트데이는 좋지 않다
사탕은 당뇨에도 심장질환에도
종합병인 성인병 더욱더 좋지 않다
새싹데이, 초록데이처럼
작은 푸른 식물들을 선물로 주는 날이 좋다
도시의 아이들
도시의 희망인 청소년
이 땅을 일구신 어르신까지
우리의 아부지, 어무니 작년에 귀농한 동생까지
신명 나는 초록데이가 기대되고 그리워진다
지금 발렌타인이니 화이트니 하는 날로는
다 행복이 햇살처럼 비춰주기는 어렵다
깡촌의 희망이 소곤소곤
이슬비처럼 젖어 드는 아침이 좋다
젖어 드는 건 대기뿐이 아니다
내 마음도 촉촉하다.

주먹밥

봄이라 생각했다
독도에 정성으로 상추 모종을 했다
춘분이 어수선하다
모종한 상추가
이런 속았네 하고 쓰러졌다
꽃샘이다
미안, 나도 속았어
갑자기 찾아와 샘 부리는 겨울이 쳐들어 왔다
추워, 추워 힘들어한다
올해도 빼앗긴 텃밭이 되었다
다시 일어서는 봄을 기다린다
갑자기 내리는 눈의 침략으로
희생은 있어도 준비한다
비닐을 찾아 긴급 보수로 위기를 모면하고
독도에 힘을 내라, 이겨라 소리친다
주먹밥 세 알 천상의 맛이다
오늘의 승리는 주먹밥의 힘이다
꽃샘의 침략, 지금도 일본처럼 기회를 엿본다.

아부지 · 1

광주 가는 버스 속에서
수원 터미널 봄기운이 살짝 남아있다
밤새 겨울이 놀러 왔던 모양이다
전라도 광주 가는 버스승차권을 사고 보니
아부지, 우와기(일본어 윗옷) 자크가 벌어졌다
헤 하고 웃고 있다
민망해 붉으락푸르락하시는 아부지와 달리
개의치 않는 자크
이래저래 다시 올려 봐도
다시 헤 한다
아부지 심정은 헤아리지 않고 말썽이다
8시 버스출발시간이 다가온다
아부지요, 광주 가서 하나 사요~
버스 안에도 냉기가 봄을 밀어내고 있다
어제의 고단을 떼어 내지 못했나
아부지께선 아이처럼 쌔근쌔근이시다
버스는 햇살도 받고
구경도 못 한 탄광 같은 막장 속을 들어갔다 나갔다 한다
귀에서 들려오던 여름매미 소리는
어제부터 갈대밭에 부는 봄바람처럼 나긋나긋해졌다.

아부지 · 2

햇살은 대지 온도를
리어커에 짐 가득 싣고 오르막 올라가는
젊은이처럼 씩씩하게 올라간다
버스 속에도 따사롭다
마중 나온 그리움이 유년을 챙긴다
아부지의 젊음은 고단해 헉헉 숨 쉬고 있을 거다
네 손가락인 아버지 손을 꼭 잡아본다
실눈 사이로 멋쩍은 표정을 스치는 풍경처럼 감추신다
지금,
나는 산과 대지를 달린다
아부지와 나의 인생이 이렇게 앞만 보고 달렸을 거다
꼭 잡은 두 손의 차이처럼
지금 나는 백설 같은 손으로 달리고 있다
지워지지 않는 기억의 흔적으로 가득한 아부지 손

아부지 · 3

광주 리츠컨벤션
예식장에 제일 먼저 도착했다
슬그머니 시간을 담배에 불 지피고 태우신다
스르르 무상한 세월이 먼지처럼 빠져나간다
주인공 고모님께서 오시고
아는 얼굴들이 하나둘
세월 뒤편에서 등장인물들처럼 나타나신다
보지 못한 세월 억지로 감추려 한다
봉합하지 못한 서먹함
큰 행사 때나 잠시 보는 시간에
긴 수로에선 이끼조차 피지 못한다
그랬다, 난 장손이었다
아부지께서 장남이니 그냥 먹었다
지금 나에겐 1대뿐이다.

아부지 · 4

광주 터미널에서 부자가 고민한다
아부지께선 시골로 직접 가시겠다고 하신다
수원 들렀다 모셔다드린다 해도 소용없으시다
바로 시골집까지 가는 버스가 없다
대전 가서 상주 가는 차 갈아타고
또 화령 가는 차를 갈아타셔야 한다
그래서 옥신각신 아부지 승
차표를 서로 나눠 들고
대기실 10, 11번 승차 홈 앞에 앉았다
마끼야토 카나멜, 카나멜 듬뿍이요
아부지께선 소년처럼 쭉쭉 빨아 한 번에 다 드시고
맛있다고 하신다
이별의 광주 터미널
이별의 커피도 한 잔하고
아부지께선 10번 홈 대전행 버스에 오르신다
아부지요, 대전 가서 잘 갈아타고 전화 꼭 주세요
그래 알았다, 조심해서 가!
훈훈한 인사는 버스 안으로 메아리친다
뒤돌아선 뒤통수엔
든든한 아부지가 고맙고
가슴은 지리하게 익어가는 세월이 맴돈다.

김용원

아버지와 외출

아부지의 거친 숨소리가 들려온다
조용한 거실에 식탁에도 소파에도 앉았다
아들은 자화상을 본다
아부지는 노력으로 우리 집을 세웠다
아부지보다 먼저 가신 친구들만큼의 세월도
지게에 지고 계신다
수수 한 포 등에 지고
손가락이 뾰족한 돌이 되고
둥글던 마음이 무기가 되어 하루를 팠다
광산 막장에선 금을 캐러 가신 것이 아니다
우리의 한 끼니를 캐러 가신 거다
수십 년 세월이 비 오면
양동이란 양동이는 다 동원하던
우리 집 구석구석에는 자유롭게 세숫물이 채워졌다
몇 년을 차가운 광속에서 캐시던
희망들은 긴 햇살이 되었다
아름다운 날 아부지 파먹고 자란
아들과 나란히 늦은 점심도 먹고
젊은이들로 채워진 커피숍에서

마키아토 나눠 마시고
등 굽은 자화상으로 짠하게 다가오는
좋은 생각으로 담쟁이처럼 기어오른다.

안월(雁月) 김용희

　　　　백조의 호수
　　　　도시의 달
　　　　동행
　　　　산길과 달
　　　　반달
　　　　사랑은 자격이다
　　　　화분
　　　　어바웃 타임
　　　　칼의 기억
　　　　봄 이야기

행정학 박사, 시인, 수필가
경남 함양 출생
현)서울사이버대학교 자유전공학부 교수
저서 : 인문학서 『코페르니쿠스 하나님』
　　　시집 『도시의 달』
　　　수필집 『빗장인문학』 등 다수

백조의 호수

도시의 틈바구니에서 시작된
하루의 꿈

백조와 인간의 사랑 이야기
은빛 호수에 잔물결로 내리는 달빛
백조에게 묶인 마법은
오직 왕자의 사랑에 의해 풀릴 수 있다고

노을 짙어지는 창가의 저녁
어둠 짙어가는 도회의 가로등
그 불빛 사이로
푸른 도나우의 강처럼 흐르는 낭만

백조의 호수
두 사람의 승화된 사랑 앞에
악마의 마법도 풀려버렸다고….

도시의 달

밤하늘에 걸린
사랑과 애정의 가로등

누군가의 길을 밝혀주는
등불

누군가를 지켜보는
애절함

자신이 가로등이 돼버린
도시의 달

동행

늘
별은 가슴으로 들어오고
늘
여름꽃들은 피어난다

해바라기, 백일홍,
봉숭아, 맨드라미…

계절이 더 할수록
맑은 미소는 원숙하게 익어가고
삶이 깊어 눈길도 깊어간다

왈칵 눈물을 쏟아버릴 것 같은
낮은 구름
비 젖는 거리
그건
그리운 님 마중 간
중년 여인의 옷자락 같다.

산길과 달

어스름 산길에 반달이 걸렸다
나무 꼭대기에 산 달이 걸렸다

새소리도 잠들고
다람쥐도 잠든 밤

찾는 이 없는 산길 그리움 하나 걸렸다
저 달 가지째 꺾어 님 마중 나가볼까?

그 님 만나면 달마중 가볼까
님 닮은 맑은 달이 산길에 걸렸다.

반달

허공에 매달린 반달이
오늘은 왠지 처연하다
넌 뭔 깊은 설움을
그리도 안으로만 끌어안고 있더냐?

밤이 지나고 또 새벽이 오면
눈꽃은 밤새 포근히 쌓이려니

길 없는 길 위에서 서 있는 이들도
가끔은 널 볼 거야

네 맘 다 채우지 못해
저리도 반달임을….

사랑은 자격이다

사랑은 자격이다

사랑스러운 사람을
사랑하지 않을 수는 없다

사랑스럽지 않은 이를
사랑할 수는 없다

사랑은 자격이다.

화분

보내온 마음
식탁 위에 피었다
백옥같이
푸름같이

꽃들이 웃는다
마주보고 웃는다

아름다운 꽃잎 세상
꽃으로 피어 웃고 있다

그 웃음소리 들린다.

어바웃 타임

삶의 이유는
바라본 상대방의 눈망울의 깊이에 있고
부벼 댄 볼의 온기에 있고
마주한 이의 향기 속에 있다

삶의 이유는
웃어버린 시간에 있고
주고받은 미소 속에 있다

'어바웃 타임'
하늘 한번 쳐다본 날이면
길에서 만난 이웃에게
농담과 미소 한번 던진 날이면

그날은
최고의 날이 된다.

칼의 기억

야망을 좇아 세상을 다 가져도
의협심을 좇아가다 삶을 온통 부정당해도

벗어날 길 없는
벗어날 수 없는
그 '사랑' 때문에

끝내 붙들린
끝내 붙들은
그 '사랑' 때문에

야망을 두드려 만든
칼도 결국은
그 '사랑'만을 기억하고 말았다.

봄 이야기

그대는 아는가
봄 햇살이 빛날 때
그대 또한 그 속에 있다는 것을
햇살이 하얗게 부서질 때
그대 미소 또한 그 속에 있다는 것을
벚꽃 향기 휘날릴 때
그 향기보다 더 오래도록
영롱하게 스미고 있다는 것을
긴 겨울이 지나고
봄바람이 남녘으로부터 불어올 때
늘 웃음으로 그곳에 있었다는 것을
잃었던 전설이 봄바람에 깨어나듯
그렇게 먼 곳으로부터 와
어느새 온 가슴이 되었다는 것을.

박민순

봄까치꽃 – 큰개불알풀

민들레

목련꽃

그 길

어머니의 유채꽃

호미

아내의 지우개

운암뜰

소나무 뜨락

고향 가는 길

시인, 수필가, 충남 천안 출생
『동양문학』 신인상(수필), 『한국작가』 (시) 등단
〈시림(詩林)〉 동인, 한국문인협회 수필분과 회원
오산문인협회 회장 역임, 한국국보문인협회 이사
한국물향기문학상 · 아름다운 한국문학인상 운영위원장
경기도문학상, 한국글사랑문학상, 아름다운 한국문학인상
대한민국 문화예술 명인대전 수필 명인상 등 다수
시집 : 『어머님 생각』, 『아내의 지우개』
수필집 : 『우리의 잠롱은 어디에 있는가』, 『별별 이야기』

봄까치꽃
– 큰개불알풀

작고 너무 여려
자주 발에 밟히던
이름도 없는 꽃인 줄 알고

너를 만나면
눈을 깊이 맞춘다

연하늘빛 수줍음
봄소식 전하며
빙그레 웃는

너, 비록 작아서
볼품없다 할 수 있지만
누구라도 마음속에는
큰 절 한 채 짓고 사는 법

그 절 처마에 걸린
풍경이 울 듯
봄에만 우는 봄까치꽃

작다고 수이 보지 마라
목소리만큼은 봄을 크게 울려
여름하늘로 날려 보내리니.

민들레

돌 틈 사이
겸손이 지나친 사람처럼
이 세상에서 가장 낮은 자세
찬바람 비껴가는 냉이처럼
너도 살아남았구나

토종 민들레는 하얀 미소로
서양종 민들레는 노란 미소로
밟혀도 밟혀도 다시 꽃 피우는
이 땅의 민초(民草)로구나
불사신(不死身)이로구나

그 모습
매화와 다를 바 없건만
흔해서 귀함을 몰라주는 탓인가
눈길 한번 안 줘도
일편단심 사랑만을 부르는구나

벌과 나비가 날기 전인 새봄부터
늦가을까지
꽃을 피우고
씨를 날려
세상에 왔다 간 흔적을 남기는구나.

목련꽃

차가운 겨울바람에
땅이 죽죽 금이 가도
그 겨울 이겨내고
꽃망울 매단 너!
세상사 온갖 일이야
마음대로 되지 않지만
누구라,
원망치 않고
참고 견딘 그 세월이
가슴 아려라
서러운 손가락을 펼치듯
한 잎 두 잎
피워 올린 꽃잎!
그 곁에 선 자목련과
아지랑이 피어오르는 산비탈
산목련도 그러하니
이 봄 화안하여라.

그 길

시작도
그렇다고 끝날 것 같지도 않은
어지러운 이 세상
근심걱정을 잊어보고자
길을 걸어본다

스쳐지나가는 바람에
옷깃이 흔들리듯
작은 풀잎이 흔들리고 있는
어느 공원

파릇한 싹이 돋아나온
그 자리에서 풍기는
풀잎 향기!

오래전 일을 생각하며
좋았던 그 시절을
되새김질하듯

그 길!
한 바퀴를 더 돌아본다.

어머니의 유채꽃

꽃망울 터지는가 싶더니
날리는 꽃잎은
어머니 시린 마음처럼
길 위로 자욱하게 떨어져
내 마음, 조바심을 칩니다

아지랑이
저 멀리 흔들거리며 손짓하고
다가설수록 자꾸 멀어져가는
희미한 그림자
이제는 어머니가 아들 눈에 밟힙니다

아득한 어린 날
그 어느 날이었던가요, 어머니!
강이 보이는 언덕배기에 올라
흐르는 물줄기를 마냥 바라보셨지요, 그때
당신의 푼푼한[1] 품속에서 칭얼대던 난
아무것도 모르고 단잠에 빠져들었겠지요?

세상이 온통 봄인데
유채꽃향도 먼 남쪽 바람 타고
여기까지 다가오는데
아무리 둘러보아도
오간 데 없는 어머니 가신 길
내 마음만 꽃잎처럼 길 위로 눕습니다.

---

1) 푼푼한 : 모자람이 없이 넉넉한.

호미

감자 캐며
눈물 젖도록 이랑 파던 어머니
앞산만큼 근심도 높아
이랑 무너져 내린 만큼
닳아진 호미 끝
이지러진 달

콩 싹처럼 자그만 아이 여럿
황소처럼 먹성 좋던 그 배고픔 달래주랴
자갈에 손톱 긁혀 빠진 줄도 모르고
평생 흘린 땀방울
별빛 총총 흐를 때
흰 옷깃 쑥물 벗고
찔레처럼 가신 어머니

이제야 찾아보는
들꽃마저 외면한 따비밭[2]
악보 음보 없어도 애절한 풀무치 울음

가만히 귀 기울여
옮겨 듣는
어머니 닮아가는 내 발자국

장날도 아닌데 시장에 나가 산
호미 한 자루.

---

2) 따비밭 : 풀뿌리를 뽑거나 논과 밭을 가는 농기구의 하나인 따비가
　　　발전하여 쟁기나 극괭이가 되었는데 쟁기나 소가 들어가지
　　　못하고 따비로나 갈 정도로 좁고 거친 밭.

아내의 지우개

서랍을 여니
구석으로
또르르 굴러가는 지우개
본래 네모였을 텐데
세월의 무게 지우느라
둥글둥글 모서리 닳았다
손바닥에 지우개를 올려놓고
이리저리 굴리다가
아차 하는 순간
바닥으로 떨어뜨렸다
통 튀어 오른 지우개
지구의 자전 속도보다 더 빠르게
싱크대 앞으로 굴러가더니
설거지하던 아내의 발뒤꿈치를
툭 치고는 이내
멈추어 섰다
아직도 세상과 타협하지 못하여
지우고 또 지우는 나를
오디처럼 탱글탱글 여문 눈빛으로

곱게 째려보는 아내
내 삶은 연필과 지우개만으로도
자유로운 삶이었지만
아내는 내게서 떨어져 나온
수북한 지우개밥을 치우느라
물기 마를 새 없는 행주였을 것이다.

운암뜰 [3]

한 여인을 보내고
또 한 여인을 만났다
세월의 뒤안길에서 흔들리는 나
다시 그 자리로 돌아와 서 있다
누군가를 기다릴 일도 없는데
옛날이 그리워
구불텅한 논두렁길이 있었던 거리를
비틀비틀 걸어간다
꼬리까지 빨간 고추잠자리
쪽빛 하늘에서 놀고 있는데
잠자리 날갯짓에 얼핏 비치는 그림자
내 마음속 옛길에서
손 흔들어 떠나보낸 그 여인이
발걸음 소리도 없이 걸어온다
누렇게 익은 벼 이삭처럼 고개 숙이고
그리운 길 밤새도록 걷고 싶다.

---

[3] 운암뜰 : 경기도 오산시 오산동, 원동, 부산동에 위치한 들판. 지금은 10분의 1 정도만 농지로 남고 신도시가 들어앉아 있다.

소나무 뜨락

어제는 벌과 나비가 넘나드는
꽃길을 거닐더니
오늘은 헤매는 눈물고개,
고개 넘는 살얼음길
원망하지 말자
세상살이 다 그러려니
이 칼바람
지나가려니

한세상을
그냥 꾹 참고 견디는 것은
동지섣달에도 꿋꿋한
소나무를 닮고 싶기 때문이다

옛일들은
언제나 그리운 법
손 마주잡고
눈보라 휘몰아치는 저 언덕 너머
봄을 향해
뛰어 가보자.

박민순

고향 가는 길

빈 호주머니에 손을 찌르고
매정한 도시의 거리를
밀리며 밀치면서 걸어간다
사람을 버린 사람들과 사람이 버린 사람들이
칼날처럼 날이 선 모습으로 오가고 있다
어깨를 툭 치면서
손이라도 마주잡을 그 사람은 지금
어느 거리를 헤매고 있는가?

노을이 하늘에 구운 것은 사랑만이 아니던가
지난날 생각들 아무리 뒤져도 내 안에 없는 이
미움까지도 구워내 산마루에 걸어 놓고
이젠 되었단 듯
손 아예 툭툭, 터는 높은 하늘

늦은 밤 버스 안에는 짐짝처럼 떠밀린 사람들뿐
외로 접은 고개 다시 풀어 세워보지만
그 높은 하늘 흰 싸라기만 엎질러 놓았나?

별이 저리 총총한데
오히려 너무 크고 둥글어 허전해진 보름달

갈지(之)자로 구부러진 논두렁길을 걸어
흐벅지게[4] 피어있는 하얀 박꽃
그 너머 내 집이 있다.

---

4) 흐벅지게 : 탐스러울 정도로 두툼하고 부드럽게.

서정택

냉이꽃 아내
빈처
아버지의 시간
허수아비
목련 국수
분첩
세한의 북소리
꽃지짐, 달지짐
아끼꼬
안부

시조시인, 경기도 오산 출생
농민신문 신춘문예 시조 당선
2016년 현대시조 100인선에 선정
첫 시집 『벚꽃의 국적』 출간
수상 : 2013 중앙시조대상 신인상 수상
나래시조문학상, 한국물향기문학상 시조부문 등 다수

냉이꽃 아내

아파도 아프단 말 한마디도 못 하고
기도하듯 웅크린 채 삭은 고철을 줍는

그 아내 우묵한 등이
자질자질 저문다

일을 사랑했으되, 오래 할 수 없었던
왕년을 전후하여 들이닥친 매운 한파

일 하나 못 가진 죄로
나는 고철이었다

그렇게 겨울 오고 또 몇 번의 겨울 가고
집게가 그를 들어 바구니에 던졌을 때

보았다, 고철을 찢고
흰 꽃 올린 당신을.

빈처

아내가 집을 나선 건 네 시 무렵이었다
하얀 원피스 대신 청소복 차려입은

늘어진 안전화 끈이
한순간 흔들렸다

화장실 사용 순번이 뒤바뀐 건 어제였다
아내 양치 소리를 누워서 들어야 하는

내 못난 몸뚱어리에
진통제를 꽂는다

부딪히면 깨질세라 유리 같은 몸을 끌고
공사판 돌아, 돌아, 여명 앞에 섰을 때

갓 지은 하얀 원피스
서리꽃이 피고 있었다.

아버지의 시간

일등중사 계급장을 입김 불어 닦고 계신
아버지 노안(老顏)에는 검버섯이 한창입니다
풋 냉이 발돋움하며
동구 밖을 보는 시간

난생처음 꺾어 든 꽃, 엄니 손에 놓으시고
밤새워 적으셨다는 세로줄의 기인 편지
읽어 줄 임자 없다며
다시 접으십니다

상여막을 짐짓 피해 돌아가는 퇴근길
정갈한 흰 주발에 온 마음을 담습니다
물처럼 드실 수 있다면
얼마나 좋을까요.

허수아비

빈 들녘 찾아가서 아버지를 뵈었습니다

정정했던 곧은 허리 자꾸 휘는 까닭은

활 내린 수숫대처럼 서리 줍기 위함이신지

조석으로 해를 몰고 다니시던 길이온데

어린 속 울림 주던 파란 새는 어쩌시고,

뒤춤에 노을 감추는 마른 손짓뿐이랍니까

차오르는 두 눈에는 제 가슴이 있습니다

젖어 참참 따습도록 삼시 올리겠나니

쓸쓸함 이제 놓으시고 햇살 당겨 쏘소서.

목련 국수

목련이 "내다!" 하며 해를 쭉쭉 당기고 있다
울타리에 양은솥을 걸어 놓은 나비 한 마리
그 꽃잎 돌돌 감아서 성둥성둥 썰고 있다
면 써는 꽃밭 속에서 꽃향기가 꼬물댄다
도마를 훔치고 있던 나비의 물젖은 손
조, 조근, 솥뚜껑 열고 면발을 쓸어 넣는다
향기 내고 싶은 게, 어디 꽃잎뿐이리
낙차 큰 나비 날개가 면을 건져 먹는 하오
젓가락 미주알에서 또, 끓고 있다… 봄!

분첩

하던 일 손을 놓고
실직에 가빠 할 때
침 흘려 숭한 몰골 새떼에게 보이느니
했었지,
깊은 어둠 속
웅크려 묻힐 생각

한데에 길든 잠을
굴리느니, 칠성판에
어제 뿌린 씨가 벌어 목화밭이 환하다고
그 꽃을
따 든 아내가
뒷등에 문득 붉데

딸아이 책가방에서
빠져나온 분첩 하나
내밀함 달, 칵, 열려 연분홍이 알싸한데
너 벌써
한 거 아니지?
여자란 말,
다 컸단 말!

세한의 북소리

백김치 한 조각과 막소주 한 잔이면
등짝 험한 농사일도 물 흐르듯 하셨다는

기운 달, 빛도 이운 밤
무슨 생각하십니까

열 두나 긴 긴 다랑 술김으로 튕기시며
쇠북 같은 논바닥을 둥둥 치던 손가락이온데

연한 풀
한 잎 제대로
휘어 꺾지 못하시는지

세간 날 때 십 원짜리 녹슨 동전 맑게 닦아
다보탑 건네시며 힘이 들면 돌아보라던

아버지 밭은기침이
제 북 후려 울립니다.

꽃지짐, 달지짐

1.
무덤 둘레 마른 흙이 메밀 몇 알 품은 뜻은
꽃 문 열고 층마다 꽃 들라는 소립니다
오솔길 휘어 꺾은 달, 부풀라는 말입니다.

2.
발효 잘 된 반죽 같은 달을 들었습니다
그 반죽에 날아와서 소복 앉은 메밀꽃
눈으로 삼켜 봅니다 보고 싶다, 어머니!

3.
남은 이의 달그림자 길게 긋고 가는 솟적
그 경계가 솥뚜껑이면 이 저승은 밑불이라
몇 방울 꽃잎을 둘러 그리움을 지집니다.

아끼꼬

아끼꼬가 짧은 혓바닥으로 뱉어내는 한국말은,
꼬리 잘린 도마뱀처럼 뒤가 끊어져 있곤 했다
빨간 동백으로 갈아입은 전구가
리본처럼 서 있던 쇼윈도 질퍽한 골목 오래된 기억,
어쩌다 하얀 눈이 내리기라도 하면
두 손 불며 불빛을 헤는 아이들의 숫자만큼
내 헤픈 바람이 흘리는 뭉툭한 살점들이
그녀의 관능미에 까만 꽃씨를 끼얹고는 했다
겨울밤에만 핀다는 아끼꼬!
부산에서 살았다는 아끼꼬는 관부 연락선이 두고 간
마사꼬의 삼대 손이라 했다
그 이야기가 들려 올 때마다 내 손에는
진통제 열두 알이 쪼개져 발정 난 수캐처럼 들려 있었고
무릎 위 깡마른 허리뼈가 돋보이는 그녀의 아랫배를
미친 듯 쟁기로 갈아엎고는 했다
난, 절대로 그녀와 별을 딴 적이 결단코 없다
그러나 그녀가 흘린 핏자국으로 인해 동백 활짝 피었으니
내 별이 아니라고 우길 근거 또한 전혀 없다
아끼꼬와 나는, 수시로 통화를 했었고

내 은밀한 음성을 엿본 아끼꼬는
뱃속의 동백을 훌륭히 길러 냈던 것이다
아끼꼬가 나의 첩이란 사실은 의외로 강력했다
내 할머니가 내게 주었던 통증 문양의 향기!
그 향기의 물살을 가르고 살던 나의 눈빛은
아끼꼬의 화장기를 여지없이 지워 버리고는 했다
그러므로 나는 언제나 아끼꼬를
네온처럼 품을 수 있었던 것이다
서로 포개진다는 것은 서로의 심장을 훔치는 일이다
난 자주 그녀를 꺼내, 꽃밭 한 상을 점두 한다.

안부

거슬러 올라보면 초록 슬픈 어린 한나절
하얀 꽃 젖은 대궁 풀무치에 흔들릴 때

내 눈을 구름을 뜯어
긴 편지를 쓰곤 했다

그러했다, 손나발을 꺾어 불던 높은 마루에
들국화 입김 시린 사연들이 일다지다

못다 한 이승을 끌고 가
우체통에 넣곤 했다

덜컥 눈물 내려앉아 다시 묻지 못한 안부
손톱순한 손가락이 봉지처럼 하늘 열고

한 다발
어머니 언제쯤
달빛 실어 보낼랍니까.

불악(佛樂) 손창완

어머니의 밥상

기찻길 옆

꽃구경 가자

능소화

불볕더위

누굴 위한 빈 그릇

조팝꽃

진보랏빛

호숫가에서

월급봉투

시인, 아동문학가
경기도 평택시(송탄) 출생
『문예사조』 신인상 등단
현. 박석수기념사업회 홍보사무국장
사)평택아동문학회 회원, 시원문학동인회 회원
저서 : 시산문집 『불악산』, 「新 진위현향토사 연구」,
　　　 『밀양손씨동우종보』
논저 : 「새로운 가족 관계 등록제도의 도입을 지켜보면서」

어머니의 밥상

동녘이 밝아 오는 아침
눈 비비고 일어나
윗목에 차려 놓은 식은 밥상 앞으로 당겨
맨밥을 뚝딱 먹고
몽당연필 깎지도 못한 채
학교에 갑니다
수업이 끝나면
친구들과 어깨동무하고
길바닥에 먼지 날리면서
집에 들어오면 아무도 없었던
어두컴컴한 방
침침한 전등불 하나가 졸고 있는 시장 모서리
아직 좌판을 걷지 못하고
장사하고 계실 어머니!
언제 오시렵니까
부엌에 나 홀로 들어 저녁밥 안쳐 놓고
기다리다 지쳐 잠들면
시간은 어느새
밤 열 한 시 어깨너머 자정 열두 시
그제야 들어오신 어머니는

자식들 끼니 챙기지 못했다며
자신을 향해 언성 높여 혼을 냅니다
왜 그러시는지
그땐 아무도 몰랐지만
나 이제 부모가 되어 보니
내 자식의 배고픔이
곧 나의 배고픔이었음을
알게 되었습니다.
아무리 목이 메어도 또 부르고 싶은 그 이름을
지금도 불러본다

어머니!

기찻길 옆

우리가 가는 길은
아파트 밑으로 흘러 멀리멀리 흘러가다가
큰길에서 만나 다시 강을 이룬다
그 강은 예전의 강이 아니라
홍수처럼 떠밀려 흐르는 자동차 행렬

기찻길 옆으로
길게 선 아파트는 전봇대보다 높고
멀리 있는 산과 비슷한 높이로 보인다
높을수록 소리를 잘 먹는다는데
높은 사람들은 돈만 잘 먹는 세상

아파트 구멍마다
서로 다른 저녁을 준비한다
찌개 냄새가 한데 섞일 때쯤
같은 방향으로 나란히 앉아 밥을 먹지만
위아래 층 모두가 낯선 사람들뿐

늘 지나가는 기차는 오늘도
코 풀린 뜨개옷처럼 잘도 지나가건만

일에 지쳐 밥숟갈 간신히 들었다가 놓았으니
베란다 창으로 보이는
봄 여름 가을 겨울 풍경이 괜찮다던데
우리는 감히 쳐다보지도 못한다.

꽃구경 가자

소국 나래 카네이션
아이는 하나만 사서 흙에 묻자고 조른다
보랏빛 감도는 소국 한 단 사
꽃병에 담으면
전원주택 정원인 양 멋질 텐데…
아이는 나를 끌며
꿈 하나 사자고 조르고
나리꽃 한 단 길게 사 들고 가는 이웃에게
환하게 웃으며 인사하고
꽃 트럭은 못 본 척 아이 손 잡아끌지만
아이의 눈은 꽃향기가 가득하다
저기 가서 사 줄 게
저기 가면 향기 잔뜩 주겠다며
아이 손 꼭 잡아끌고
나리꽃 핀 뒷산으로
꽃구경 간다.

능소화

푸름이 짙어 녹음 지는 여름날
고즈넉이 들려오는
트럼펫을 닮은 꽃
눈에 넣으면 맹인이 된다 한들
내 어찌 그대를 외면할까
온몸 붉게 달아올라
타오르는 가슴을
식혀줄 아메리카노 아이스
그 한 잔을 앞에 놓고
그믐달 기다려 본다.

불볕더위

와삭
버석
사마귀 세모난 입속으로
머리부터 먹혀가는 꿀벌
엉덩이의 침은
짙푸른 하늘만 쏘고 있었지
머리가 없어도
날개는 윙윙거리는데
그 꿀벌의 독침까지 삼켜버린
사마귀의 징그러운 턱
쌍기역 자 날카로운 앞다리

불볕더위를 식히려고
나무 그늘로 갔는데
꽃 이파리 위에서
쾌락의 절정에 오른 사마귀 한 쌍
그 후끈한 열기
더워 숨이 막혀 죽겠는데
머리부터
와삭

씹고 있었던 거야
나는 미련한 날개만
발버둥 치며 윙윙거리고….

누굴 위한 빈 그릇

밤새 기다려도
그는 오지 않았다
혀끝을 스치는 바람하며
내 무의식 속의 세계를 걸어
귀를 빠져나간 사람들
프라이팬 위에서 톡톡 튀는 콩알들처럼
나도 그렇게 안절부절못할 수밖에 없었다
누군가는
이별을 두려워하며
둥글게 감긴 털 뭉치 안의 털실처럼
한마디도 못 하고
웅크릴 수밖에 없다는 것
기적이 길게 우는 새벽인데도
그는 오지 않는다
그러나 오지 않았다고 해서
마냥 앉아 우는 새를
바라볼 수만은 없다는 것
내 안을 빠져나갔던 그가
혀와 귀를 향해 다시 올 때쯤이면

젓가락 한 쌍만을 놓아둔 채
 망부석처럼 앉아
 고봉밥을 기다리겠네.

조팝꽃

등짐을 지고 가던 그가 내게 묻는다
밥은 어디로 와서 어디로 가는 거냐고
그를 처음 만난 곳은 어느 허름한
돈 한 푼 내지 않아도
별과 달과 바람이 수시로 드나들던
하늘을 향해 입을 크게 벌린
동굴 만한 구멍을
이엉 대신 이고 있던 함바집
작업복 단추가 하나씩 떨어져 나갈 때마다
지붕을 뚫고 들어온 차가운 바람은
그가 지고 다니던 벽돌의 무게보다
더 무겁게
그의 허리를 짓누르곤 했다
별과 달과 꽃이 빠져나간
그의 빈 동공에 봄빛이 들 때쯤
비가 내렸다
그가 벗어놓고 간 안전화 한 켤레!
뒷굽이 떨어져 나가 기우뚱해진
그의 삶이야 어찌 됐든 쓰라리지만

그래도 그가 벗어 두고 간
안전화에서 내가 편다는 것은
언제 어디에 나
밥은 있다는 것이다.

진보랏빛

진보랏빛 사이로
살짝 드러나는
우윳빛
뜨겁게 달구듯
가슴을 뛰게 하는
너의 모습에
넋이 나갔어요

사랑스러운 모습에 반해
오랜 시간 지나도 지금처럼
사랑할 수밖에 없을 것 같아요

오늘도 지친 몸을 이끌고
산업전선으로 향하는 모습이
안쓰럽고 보기 힘들지만
또 하나의
약속을 이루기 위한 발돋움이잖아요.

호숫가에서

온 세상의 생명체들이
자연 섭리의 법칙에 따르듯
들녘엔 지천으로
야생초들이 잔치 벌이고
보이는 나뭇가지에서는
오색 꽃무리가 춤을 춘다
꽃무리로 이루어진
산기슭 아래로
바라보이는 은빛 물결
맑은 눈동자
일렁이며
잔잔히 흘러가네요
마주보고 맞잡은 손은
떨리는 가슴이 느껴지고
에스라인에 드러내는
살결을 보며 침만 삼킵니다
함께 있어 주는 시간은
에너지가 충전되고
삶에 엔도르핀을 일으켜
마음을 뜨겁게 달궈 줍니다.

월급봉투

찬 서리 치기도 전 먼저 내려
발에 짓밟히고 있는 낙엽 몇 장
또 한차례 바람이 불어 왔다
몇 장은 차도로
몇 장은 인도로 흩날린다
끝까지 하늘을 쥐고 있던 낙엽 한 장이
보도블록을 파내고 심어 놓은
단풍나무 둘레로 떨어졌다
지금 떨어진 것이야 한 장에 불과하지만
또 몇 차례 더 바람 불어
해와 달이 진다면
손으로 두드리지 않아도 봉긋 솟은 흙무더기처럼
나무 둘레에 소복하게 쌓여 있겠지
겨울비는 차갑겠지만
그 차가운 빗속에서도 낙엽들은
서로서로 몸을 부벼 열을 내겠지
그 열 다 식을 때쯤이면
꽃 피고 새 우는 봄이 오겠지

오늘도 문턱을 넘어 들어가는
나의 주머니에서
낙엽 몇 장이 바스락거리고 있다.

양길순

아네모네

꽃의 연대기

버리고 온 굿바이 선길도

시를 점등하다 - 첫눈

달

외등

슬픈 블라인드

수수쉬 -10월

청소기

만감(萬感)

시인, 충남 부여 출생
1996년 『문예사조』 등단
현, 한국문인협회 회원, 담쟁이문학회 회원
시집 : 첫 시집 『꽃의 연대기』
수상 : 물향기문학상, 석남문학상 등 다수

아네모네

여리고
긴
대롱
전사처럼
푸른 수염 세워
붉은 꽃잎 밀어내는 사랑의 괴로움
아,
아네모네
바람꽃
온몸으로
피었다가 이내 지고 마는
찰나의 꽃

꽃의 연대기

빗밑 잰 6월 그믐밤
백합도
상앗빛, 샛노란 혹은 연분홍 자궁 열고
속살속살 수줍게 사랑 나눈다

발돋움하여 키 세우고
잠시, 그들을 엿보았을 뿐인데
나에게로 다가와
풍선처럼 부풀어 오르게 한다
관능, 은유 혹은 카타르시스

어둠이 빼곡히 그림자 푸는
별 볼일도 없을 오늘 밤,
어룽어룽 여름의 사타구니 휘돌아
잰걸음으로 향한 담청색 정원
연대기 너머
메소포타미아에 피는 꽃!

버리고 온 굿바이 선길도

은어는 포구의 많은 사연을
푸른 바람과 함께 뱉어내고 있었고
몇 점 섬들은
마음 언저리에 자라나는 보고픔처럼
슬렁슬렁 안개 너머로
왜 물결치는지를 알고 있었을 거야
나는 마음에 병 벗는 작업을 위하여
섬으로 향했어
생의 주변으로부터 떠나려함이 아니고
마음 모아 모아서
우주보다 넓게 살고 싶은 희망이 있었던 거야
사람마다 굳게 채워놓은 빗장들
외로움보다 더 큰 사랑을 위하여 빗장을 여는 밤이면
장꾼들이 보따리 챙겨 떠난 적막한 장터처럼
포구도 마지막 배를 보내려고
등대에 붉은 꽃 피우고 있었지
미련은 모두 이곳에 버려야 했기 때문이지.

시를 점등하다
- 첫눈

12월 그리움이 내립니다
붉은 꽃사과 위로 수도자의 기도처럼
자분자분 내립니다

새의 울음도 아닌 것이
어른거리는 곡선을 그리며 잿빛 어둠 속으로 날아갑니다

그리움도 부풀면 하얀 털실처럼
보풀이 생기나 봅니다

그 보풀을 앙감질하며
뜨개질을 마친 내 털모자 위에 흰 꽃이 핍니다

잔가지 휘어지도록 밤새 눈은 내리고
나는 포근한 혀를 내밀어 몽환 같은 시를 점등합니다.

달

치킨 호프집 옥상에
그가 냉큼 앉았다
점점 어두워지는 네온을 따라
사람들은 저마다
집을 향해 늦은 걸음을 재촉하고
술 취한 사내 하나
담벼락을 향해 통사정하다, 하다,
가뜩이나 비틀어진 골목을
더욱 구부리더니
피아노 집 앞 하수구를 향해
쉰내 나는 호프를 쏟아붓는다
편도선이 부어오른 계절은
방향 감각을 잃어
자정 속에서 헤매고 다니는데
그 사정 딱해 보였는지
쯧, 쯧,
혀를 차던 그는
치킨처럼
제 살 먹어치우고
흰 뼈만 남은 달빛을
 밤새워 뱉고 있다.

외등

어슴푸레한 시간
덥석덥석 외로움이 내게로 온다
홀로 견디어 낸 무덤 같은 밤
단 한 송이 피어있는 꽃등 아래
인기척이라고는
앞집 폐가에서 들리는
고양이 울부짖음뿐이다
외롭다
지상에서 가장 외롭다
탈고되지 못한 몇 편 글조차
어두운 서재의 한 귀퉁이에서
먼지 쌓인 그늘망에 누워있다
그것들을 키질하듯
흔들흔들 거르고 아귀 맞추어
마침내
흩어져 있던 문장들이
타박타박 걸어온다
시(詩)들의 귀환이다.

슬픈 블라인드

날마다 멈추지 않는 그 싸움이
나를 잔인한 일상으로 몰고 갔다
그들은 녹녹한 습기를 즐기며
마음대로 거실과 주방을 행보했다
'몸길이 1~1.5cm 둥글고 납작하며
황갈색 몸빛 야행성이므로
어둠 속에서 잘 서식하며
음식물에 해 끼침'
그놈들은 밤이 되면 불을 켬과 동시에
날렵한 동작으로 몸을 숨기는데…
한 마리가 미동도 없이 죽은 체하며
내 눈치를 살피고 있다
간이 배 밖으로 나온 바퀴벌레 놈!
화가 치밀어 분사기로 뿜으려는데 갑자기,
슬픈 발성이 밥물처럼 목젖을 흔든다
밤마다 내가 행한 응징으로
휴짓조각에 문장처럼 찍혀있는 잔인한 얼룩들
그들의 슬픈 죽음에 대하여
늦은 밤 고해하듯 마음 털어놓고 잠시,
검은 블라인드를 내린다.

수수수!
-10월

바람의 음파를 들으며 긴 둑을 걸었어
생각의 궁핍을 들키고 싶지 않아
포충망에 나를 가두고
반음 낮은 허밍으로
저문 강물을 끌어 올렸을 뿐인데
벌레 먹은 낮달이 둔치의 행간에서
은갈색으로 흔들리는 순간
고된 날들의 계보가
고흐의 그림처럼 수채화로 녹아들고
애기똥풀 마른 잎에 앉아
카푸치노를 마시던 햇살이
슬몃
기지개를 켤 때쯤
10월, 그 기억의 단층을 뒤꿈치로 밟으며
수수수!
반송 우표를 붙인 가을이
젖가슴을 여민 채 걸어가고 있었어.

청소기

고드랫돌 같은 인증이
용광로처럼 뜨거워진 건
2박 3일 전부터야
탈이 난 걸까
인증이 고열로 달아오르는데
버튼은 수위를 높여
이 방 저 방 밀기를 계속했던 거야
삶은 청소기를 부리는
어쩌면
언어적 유희인지도 몰라
조금만 더
조금만 더
밀어볼까 하다가
끝내는
주저앉아 버릴 수도 있는
그래도 끝까지 밀어보겠어
깨끗해지든 지저분해지든
암튼 결말을 봐야 하니.

만감(萬感)

만감을 위해서만 감을 그렸던 가을과
갓 태어난 새를 위해 바쳤던 태양과
당신을 만나기 위해 수많은 꽃밭을 거닐었던
우리는 세상에서 가장 내밀한 관계입니다
금방이라도 꽃이 필 것 같은 나의 만감
아름답지 않으면 꽃이 아니듯,
나는 우리의 만감을 골똘히 생각합니다
누가 먼저랄 것도 없이 그냥 그렇게,
당신은 나의 꽃대궁이고 꽃잎이고 향기이며 친구입니다
당신은 그러므로 나의 사랑스러운 만감,
예술스런, 문화스런 패턴의 향기를 핥아
오랜 세월 뱉어낸 순도 높은 만감,
그러므로 그대와 우린 품앗이 같은 관계입니다
그대는 시와 노래와 연주로써
모든 문화예술 공연의 장으로 거듭날 것입니다
해가 환한 정오를 슬며시 밀고 가는 꽃밭에서
여리고 가는 꽃대궁이 교차하며 만감이 피고 있습니다
우리의 고향 꽃눈들은 더욱 크게 웃겠지요

- 축시(아트패밀리 만감 창립 행사)

시중(詩中) 이상정

여행을 위한 서시

누구나 짊어지고 가는 짐

시인인가 되묻다

사막에 꽃으로 피어나리라

이 길을 걸으며

인생계략 · 4

인생계략 · 8

붉은 광장

한하운 선생과 까닥마이신

몬순의 땅

이상정(본명 이상용)
시인. 경북 칠곡 출생
영문학 전공, 『시와 시인』으로 등단
현)국제PEN클럽 한국본부 이사
경기PEN지역위원회 사무국장
저서 : 첫 시집 『감칠맛 나는 詩』 9번째 시집 『붉은 사막』,
2018년 한글과 영어의 대조판 『인생 계략』(근간)
여행 에세이 『아들과 떠난 유럽, 아들이 보인다』
수상 : 경기문학상, 한국글사랑 문학상 등 다수

여행을 위한 서시

이제 떠나야 할 시간이다
운명의 시계는 열차를 타야 할 시간
아들과 세 번째 여행은 시베리아 횡단
새처럼 몸을 던져
일상 밖으로 이탈하자
늘 바람처럼 살기를 원했던 그대
현실의 문을 열고 나서자
잠들지 못한 별 하나가
너를 따라와 속삭이리니
아들아, 헛된 경험은 없나니
세상은 넓고 길은 많다
자신을 묶는 일도 이젠 그만
날이 밝았으니
잠든 세상
뒤로 하고
떠나는 아침
사랑하기 위해 떠난다 하자
행복하기 위하여 떠난다 하자
이제 운명의 시간이다
우리의 영혼은 아직 맑고 투명하다

상처 입기를 두려워하지 말고
수수께끼 같은 문제들을
자기 방식대로 풀며
길 위에서 길을 물어야 하리
두려워 말라, 낯선 곳에 있을지라도
낯선 나라에서
아들아, 모국어로 꿈을 꾸자.

누구나 짊어지고 가는 짐

저마다 짊어지고 가는 인생 짐
때론 짐은 스승이요 조련사인 걸
가난도 부유도 건강도 질병도
사랑도 이별도 만남도 책임도
명예도 권세도 모두가 짐
인생의 짐을 짊어지고 가다 보면
절로 고개가 수그러지고 허리가 굽어지는
시선은 아래로 밑으로 향하게 하는
짐은 겸손의 스승 나의 조련사

시인인가 되묻다

추방된 시인들의 나라에서
실체가 아닌 허상만을 읊조리는
시인 아닌 시인 같은 시인들
그대가 진정 시인인가
시인 흉내를 내는 시인인가
알 수 없는 나의 실체에서
시인은 없었다.
그냥 흉내 내는 시인일 뿐
해 아래서 다 헛된
바람을 잡으려는 것
아니면 어떻고 또 그러하면 어떠한가?
그저 왔다가는 인생 속에서
그냥 시인으로 살아가세
그냥 인간으로 살아가세
시인이라고 허세 부리지 말고
겸허하게 낮은 곳으로 흘러드세
낮술에 거울 앞에서 허상을 보고
그대가 진정 시인인가 되묻는다.

사막에 꽃으로 피어나리라

붉은 사막에 너의 입술도장편지를
묻어버린 사월 어느 나른한 봄날
한참을 망설였다

지난날의 아름다웠던 시간이
뜨거운 사막 모래 속에서
녹아내린다

그날 밤 몰래 뿌린 눈물은
사막에 다시 붉은 꽃으로 피어
또다시 사랑을 불러 오리라

흘러오고 흘러가는
돌고 도는 시간 속에
묻어버리리라, 너의 지난 과거를

이 길을 걸으며

이 길을 걸으며 느껴봐
시인이 된 것을
시인의 길을 걸으며 외쳐봐
나는 시인이라고
시인의 길을 걷다 보면
어느새 시인이 된다.
시인은 남이 보지 못한 것을 보고
시인은 남이 느끼지 못한 것을 느끼며
시인은 남이 말한 것은 말하지 않는 것
시인의 길을 걸으며 느껴봐
내가 시인 된 것을

인생계략 · 4

아는 것이 힘이다
나를 알라
상대를 알라
상대를 잘 알고 있지만
정작 자신을 몰라 실수를 한다
과소평가해서 자만에 빠지지 마라
이겨 놓고 싸워라
중요한 것은 지지 않는 것이다
승리의 기회는 상대방으로부터 나온다
실수할 때를 기다려라
실수를 적게 하느냐에
승패가 달려있다
공격과 방어의 시기를 잘 알라.

인생계략 · 8

때를 놓치지 마라
기세는 당당하게
박힌 돌도 떠내려가게 하라
짚단을 베기 위해서는
빠른 속도와 절묘한
타이밍이 요구된다
판단을 잘 못 해서
때를 놓치면 실패하나니
촉각을 세워
때를 놓쳐서는 안 되리라.

붉은 광장

붉은 성벽 붉은 벽돌집 붉은 태양
붉은 광장으로 들어가는 부활의 문도 붉은
혁명의 나라에 붉은 어둠이 내린다
크렘린 옆 숲에서 새들이 날아오른다
양파 모양의 지붕들
카잔과 전쟁에서 승리한 폭군 이반
건축가의 눈을 뽑아버리고
사회주의 혁명가가 잠들어 있는 묘역을 지나
부활의 문을 등지고 동전을 던진다

10월의 혁명 이후 아르바트 거리에서 만난 톨스토이
장인들 사이에서 분주히 걸어간다
그림을 그려주는 거리화가
다양한 장르의 곡을 연주하는 거리악사
거리행위예술가들의 쓸쓸함이 아르바트 거리에 흐른다
 카메르게르스키 골목 건너편에서 루빈스타인의 음악을 들으며
 햄버거를 먹는다 차이콥스키의 백조의 호수에서 수영한다
  대관식이 있는 날 황제는 말을 타고
  막심고리키는 사회주의를 성토하다 피를 토하며 죽는다

알렉산드리아 정원의 꽃들이 붉다 진하게 진 하게 붉도다

게오르기가 죽은 영혼을 위해 고개를 숙인다
붉은 담벼락에 유골을 묻어 놓고 꺼지지 않는 불을 밝힌다
너의 업적은 영원하리라
스탈린이 두 장의 종이에 사인한다
고뇌에 찬 사내 도스토옙스키 물고기를 찾고 있다
붉은 광장에서 고로드 역으로 걸어가며 붉은 홍등가
좁은 골목에서 창녀를 만난다
나의 심장을 그녀에게 맡겨 위안을 산다
보르비츠키 언덕에서 붉은 노을 바라다본다
장중하고 기품 있는 색채로 나를 사로잡는 노을
우리가 하늘에 있는지
땅에 있는 건지 알 수가 없는 황홀한 여신
오로지 신이 내려준 목소리로 만 찬양을 부르는 트베르스키야
홍등의 거리를 어슬렁거리며 영적 세계를 갈망하네
파트리아다리를 지나 낭만을 즐기는 여름밤
붉은 시월의 광장 갤러리에서 아방가르드와 사회주의 리얼리즘이
손을 잡고 춤을 춘다
이바노프, 수리코드, 무능한 표트로 3세
말라비치, 샤갈이 로맨틱하고 환몽적인 사랑에 빠진다
색채가 없고 형태가 없는 오로지 감정에 충실할 뿐
사랑은 그런 거다 무조건의 사랑 감정에 충실한 것.

한하운 선생과 까닥마이신

날씨는 초겨울로 넘어가는 길목입니다
감기 환자가 득실거리는 청운보육원
양호실엔 달달한 붉은 감기약이
달콤한 향기로 유혹하고 있습니다
배고픔을 잊기 위해 훔쳐 먹으며
까닥마이신 까닥마이신 끄떡없어 말해봅니다
마이신 항생제
붉은 액체의 달달한 감기약
맛있어 먹고 먹고 먹은 몽롱한 아침

그래, 까닥마이신 외치며 감각 없는 손으로 후려치는 매

  청운보육원 식당 앞에서
  아침 점호시간에 어제저녁 훔쳐 먹은 감기약이 들통나 매를 맞았다
  한하운 선생은
  넓은 메주 얼굴에 붉은색이 감돌았다 후려치는 매
  감각이 없다
  까까머리 대여섯 명이 종아리를 맞고 뒹군다
  몽둥이를 잡은 손

바람을 가르고
어린 몸은 피멍이 든다
달달한 감기약 땜 시 좆된 아침
오늘 아침은 땡땡이다.

몬순의 땅

계절 따라 방향을 바꾸는 바람처럼
낮과 밤에 바람의 방향이 서로
바꾸는 해륙풍처럼
구름을 만들고 몬순의 땅에 호우를
내리리라 건기에 메마른 대지는 이제 우기를 맞아
생명이 살아 춤을 추리라
세렝게티 초원에 늘어진 사자도 비를 반겨 맞으리니
몬순의 땅처럼 건조한 시간은 가고
우기의 단비를 맞으리니
밀림에 생명은 피어나 다시 뜨거운 태양에 시들어 가리라
뜨겁고 건조한 공기가 몸을 마르게 하리니
이글거리는 대지의 아지랑이가 숨을 막히게 하리니
또다시 몬순이 몰고 오는 생명수를 갈망하리라.

이서연

사랑

사랑이란

그런 사람을 만났습니다

그대 사랑의 온도는?

사랑에 묻다

언니의 밥상

그리움, 사랑의 또 다른 여명

그리움이 있어 좋은 날

시나브로

여전히

이서연(본명 이혜옥)
시인, 서울 출생
현) 한국문인협회 회원, 국제PEN한국본부 회원
　(사)한국문화예술연대 이사, 사무국장
시집 : 『내 안의 나와 마주 앉아』, 『사랑, 그 언어의 무늬』
　　　『사랑하는 나의 작은 우주야』
　　　『바람 난 산바라기』 등 다수
수상 : 문학공간상, 한국시 대상

사랑

너는 어찌
가볍게 지나칠 수 없는 인연이었을까

새벽 풍경이 일어나는 순간부터
함초롬 별들 눈빛에 다가가는
수많은 정령의 잔치가 끝나는 날까지

찰나
그 틈에서도
바람에 버무려진 파도 같은
심장을 갖게 하는 그
떨림

너는 어찌
가볍게 지나칠 수 없는 인연이었을까

사랑이란

착각이라는 오솔길에서 길을 잃어도
제 몸이 심지 되어 빛을 낼 사리

먼 생을 넘어온 자리에서
다시 죽더라도 두려울 수 없는 선택

제 안의 일렁임마저 다 타버린 자리에
바람이 새겨 놓는 영혼의 지문

그렇단다, 사랑이란
투명한 진심의 또 다른 언어, 그 풍경이지

그런 사람을 만났습니다

눈길이 통하고
말길이 통하고
하늘빛 담긴 강을 보는 가슴이 통하는 사람
바람 한 점만으로도 미소가 통하는 사람
눈빛이 전하는 앓이를 언어로 쏟으며
잠시 길벗이 되고
그대로 사랑하는 이가 되는
그런 사람을 만났습니다

봄을 닮은 가을부터
가을향 담긴 겨울을 지나
겨울빛 투명한 사랑을 토하는 여름으로 돌면서
기꺼이 아픔의 결을 함께 어루만질 사람
가끔 빗물을 받아 햇살을 말아먹으며
가엾은 서로의 얼굴에 정들어
같은 곳을 바라보고 웃다 잠들
그런 사람을 만났습니다

애틋한 맘결 하나 사랑스러워
흉터의 긴 사연을 애써 감싸며

젖은 눈가를 애무로 말려주는 사람
외로움의 껍질을 목숨 껏 꿰매면서도
그 틈새로 수 없는 별을 헤아리고 돌아와
허기진 마음에 지친 내게
무언으로 이야기를 들려줄
그런 사람을 만났습니다

그대 사랑의 온도는?

지금 그대의 사랑온도는 몇 도입니까?

봄눈이 뜨는 온도?
그보다
꽃결에 숨소리가 시작된 온도?
연록이 살빛으로 번지는 온도?
별들의 속삭임이 들리는 온도?
태양과 동침한 심장의 온도?
그러다
바람이 어깨에 내려앉는 온도?
눈동자에 석양빛이 스미는 온도?
빈 들판을 채우는 젖은 낙엽의 온도?
더 그러다
핏줄이 얼음길에서 나목과 고행하는 온도?
겹겹의 파도 위로 퍼런 가슴을 내놓는 온도?

그보다 그렇더라도
그러다 그렇더라도
조금 더 감당하기 어려운 온도가 된다면

그래서 어디가 녹거나 터지거나
으깨지고 뭉개지고 고장 나
찢어져 떨어져 나가더라도
그때가 적정의 온도일 것입니다.

지금 그대의 사랑 온도는 몇 도입니까?

사랑에 묻다

어느 날, 느닷없이
심장이 묻는다

왜, 꼭 그이였느냐고

잠들어도
잠들지 못하는 몹쓸 설렘에
화상을 입고도 뛰는 네가
그 답을 알 터인데?

지워도
지워지지 않는 진한 일렁임에
독약을 먹고도 뛰는 네가
그 답을 풀었을 텐데?

그래도 굳이 묻는다면 답한다
나는
그이여야 아름답기 때문이라고

언니의 밥상

햇살과 손잡고 놀았나보다
바람도 잘 버무릴 줄 아나보다
비와 눈 속에서 삶을 잘 다듬었나보다

오랜 이야기가 담긴
느리게 깊게 우려낸 국물에서
단정한 맛이 넉넉하다

더할 것 덜할 것 없이 씻어
익숙한 물 높이로 지은 밥에서
정갈한 향이 퍼진다

달빛에 훌훌 말은 별을 씹는 맛
은하수 아래로 피크닉 나온 맛
한 점 두 점 내 속을 채운다

숨은 사연이 톡톡 씹힌다
담백한 향기가 촉촉하다
순후한 인생이 보인다

그리움, 사랑의 또 다른 여명

떠난 뒤에야
더 소중한 의미로 간직되는
선물

닿을 수 없음에
차마 주소조차 쓰지 않고 보내는
추억

속으로 깊어서
배웅도 마중도 되지 않는
고요

아팠던 만큼
눈부신 여운이 되는
별

그 그리움
아, 사랑의 또 다른 여명

그리움이 있어 좋은 날

빛으로도
그 모습을 그려내지 못하고
시로도
이 순간 드러내지 못해
절절함에 서성대는 시간

그래도 좋다
모질게 서러운 시간에도
외로울수록 깊어지는 그리움
그 지독한 풍경이
내 숨결의 이끼로 자리하고 있음이

시나브로

땅거미에 어둠이 둘둘 말리도록
그를 보지 못하면
눈꺼풀이 흔들리던 날이 있었다
코피처럼 흘러넘치는 커피를 치우고
보드카를 넘기듯 맥주를 마시며
북어대가리처럼 서 있는 가로등에 머리를 박고
멈추지 않는 눈물을 눈꺼풀 틈에 쑤셔 넣던
그런 날이 있었다

샛별에 이슬이 젖도록
속삭이던 밀어가 사라지면
좌표를 잃은 돛단배가 되던 날이 있었다
선택한 시간이 여러 겹 어긋날 때마다
수많은 핑계가 덧칠되어
각각의 시선은 더 먼 거리를 헤매고
아무리 눈을 뜨고 빛을 찾아도 찾을 수 없는
그런 날이 있었다

그래도 그런 날은 그런 날들일 뿐
속으로 살며시 즈려 밟던 하루하루도

어느새 아련함이 되었다
시간의 껍질을 깨고 일어나는
나무의 숨소리를 들으며
하늘향으로 자라는 들판의 꽃잎들처럼
더는 꾸밀 것 없어 아름다운
그런 그리움이 되었다

어설픈 인연 줄기에
다시 휘감기지 않을
아픔의 몫으로 피어나는 생명 같은
그런 그리움

여전히

문득
겉돌던 그리움을 접다가
밑줄 쳐 두었던 시간
언제적이었던 그때
그대로 묻어두고
잊고 있던 향이 스멀댄다

발이 닿지 않는 길과
발 닿아 가는 길의
엇갈림 속에서
희나리가 되었으리
짐작으로만 밀쳐냈건만
그리움 깊숙한 자리에
맴돌고 있는 사무침

사는 걸
여행으로 흐르는
풍경의 하나로
남기고 싶었던 시절

은은히 보듬던
그 향이 느껴진다

여전히

경암(鏡巖) 이원규

줄긋기

나무를 심다

은행을 털다

나사論

멸치

걸어 다니는 나무

일어나라 돌부처

수평선

매의 눈으로 세상을 보라

초읽기

시인, 칼럼니스트
안양 『글길문학』으로 작품 활동 시작
현)일간경기 편집위원
    계간 한국문학세상 사무처장 겸 편집주간
저서 : 시집 『밥짓기』 등 3권
    작가 연구서 『백조(白潮)가 흐르던 시대』 외 다수
수상 : 방송대문학상, 경기예술대상(문학부문) 등 다수

줄긋기

막대기를
끌고
똑바로
걷다가
문득
뒤돌아보니
비틀거린
흔적이
꾸불꾸불
용케도
따라
왔
구
나
!

나무를 심다

나무를 옮기어 심네
잔뿌리 실가지라도
다치면 안 된다기에 깐에는
살살 돌려 삽질도 하고
바람 들어 낭패 봤다는 소리도 있어
자근자근 밟아주는데
김 씨 아저씨가 다가오더니
버팀목도 단단히 세워야 한다며, 낮은 소리로
귀띔해 주네
다시 고향에 돌아와 사는 일이
이토록 힘에 부치네.

은행을 털다

 돈벌이도 시원찮고 밑으로만 하락하는 세상이라고 손끝 맺고 기다릴 수는 없었다. 내일은 당장 이슬바심이라도 해서 무슨 짓이든 하기로 했다. 작당하여 1톤 트럭을 몰고 은행이나 털기로 했다. 마인드 통닭집 고 씨도 함께 가기로 했다. 안사람들에겐 금세 한 트럭을 담아올 거라고 허풍도 약간 떨었다.

 우리 셋은 추레한 옷차림을 하고, 큰일을 도모하기 위해서는 안사람이 가탈부리지 못하게 조신하는 것이 중요하다며 오늘 밤은 마누라 비위는 건들지 말라고 했다. 그런대로 각자 단속은 잘되었는지 가리트는 일없이 순조롭게 일은 척척 진행되었다. 하기야 우리가 계집얼이기하는 것도 아니고 살아보겠다고 어려운 판국에 이런 짓이라도 한다는 데야 강짜를 놓을 일 있겠는가.

 시내 쪽은 아무래도 단속이 심하고 안면도 있고 하니 외곽지역을 먼저 훑기로 했다. 차량운행을 맡은 고 씨가 길라잡이하고 수원상회 권 씨는 자루에 담는 역을 나에게는 터는 임무가 맡겨졌다. 단숨에 당도한 곳은 보기만 해도 탐스러운 은행들이 주렁주렁 빛을 발하는 발안 근교였다. 아, 이런 행운의 은행, 모두 털어 버리자. 우린 정신없이 은행을 털었다.

나사論

한 번 들어가 되돌아 나오는 일 없기

중심을 잡지 못하여 비척거리지 말기

갑갑하고 속 터져도 꼿꼿하게 세우기

죄일수록 버거워도 끝까지 들어가기

난 체하며 뛰쳐나가 녹스는 일 없기

내 구멍도 아닌 것에 한눈팔기 없기

한 번 박혔으면 오래도록 참고 버티기

인연이 맞춰지면 팔자려니 살아가기

멸치

한때는 떼 지어 바닷속을 누비던
때도 있었거니
초침처럼 조마조마하던
그런 날은 더욱 많았거니
눈망울 아직도
바다에서 바다를 누비던
부릅뜬 모습이거니
찌든 소금기
그 간간함으로
마음 헹구고 있거니
절절 끓는
냄비 속 같은 황당한 오늘에
살아있거나
죽어있거나
바다로 향하는 그리움은
남아있거니
남아도나니

누구더냐, 독(毒)한 놈이라고
외면하던 그 치는.

걸어 다니는 나무

나무는 서서 크는 것이 당연하지
허연 실뿌리를 땅속 깊숙이 내리고
물관부와 체관부로 흐르는 맑은 수액 마시며
체통도 지켜가면서
사방팔방으로 뻗어내린 잔가지에
매달린 잎사귀로 뜨건 햇살 끌어당겨
광합성을 해 가면서
불고 가는 바람엔 절대로
몸뚱어리가 통째로 흔들거려선 안 되지
혹시라도 둥치와 뿌리가 잘려져
쓰러지는 날이 온다 해도
근성으로 새순을 틔워야 해
밑에 깔린 도루코 면도날 같은 풀잎들이 달려들어
등줄기를 쑤셔댈 거야
몇 평 안 되는 비좁은 우리들의 땅에
독버섯이 불쑥불쑥 돋아나고
벌레집이 푸석푸석 슬지라도
껍질 벗겨지는 당혹함
가슴으로 달려드는 톱날의 섬뜩함에도
결코 움츠려서는 안 되지

걸어 다니는 나무가 되어서라도
설 자리는 찾아야 해
으슥한 그늘에 꼭꼭 숨어서는
정말 안 되는 거야
당당하게 하늘 보는 나무 되어 자라야지
절대로 두려워하지 마.

일어나라 돌부처

언제까지 그렇게 누워만 계실 겁니까

이젠 그만 일어나셔서

세상 한 번 둘러보셔야지요.

탁발이라도 하시면서

한 말씀 들려주셔야지요

등허리가 근지럽지도 않으셔요

귀 따갑지는 않으신가요

이젠 제발 일어나세요

황소숨 몰아쉬면서 다니셔도

세상 만만하게 뒤집힐 것 같지는 않네요

그렇게 누워만 계신다면

이 답답한 세상, 누가

숨통 터주나요.

수평선

뭍에서 바다를 봤다고 다 본 듯이 말하지 말 것
바다에서 바다를 봐도 바다는 다 볼 수가 없고
바다는 쉽게 보이는 게 아니다
바다를 향하여 함부로 손 흔드는 것이 아니다
너무 크게 웃거나, 우는 일이 있어서도 안 된다
눈을 크게 뜨고 보는 것도 아니다
하늘도 바다에 가슴을 씻고 싶어 하고
바람도 바다에선 편히 눕고 싶어 한다
해와 달과 별 그리고 구름과 꿈들은
바닷속에 빠졌다가도 끝끝내 또다시 되살아나니
누구라도 함부로 바다를 지배하려 해선 안 된다
바다는 지배당하는 것이 아니다.

바다에서는 뭍의 이야기를 큰소리로 하지 말 것
바다에서는 바다의 이야기만 들어도 끝이 없고
세상일에 연연하지 말아야 한다
바다에서 살아보겠다고 살아남으려 몸부림치며
밀려왔다 되돌아가던 파도에 맞서다 멍들었지만
모질게 버티며 하루해를 넘기었구나
깃털 고운 갈매기들은 오늘도 부드럽게

그리운 섬으로 날아갔다가 다시 왔구나
후련하게 미련일랑 훌훌 털어버리자
아프게 살면 살수록 뜨고 지는 해는 붉다
먼먼 수평선은 떠나간 그리움의 애절한 표시
한 번쯤 가야 할 우리의 목표다.

－2018년 〈일간경기〉 신년시

매의 눈으로 세상을 보라
-신판 오적(五賊)

ㅇ세상사 눈꼴사납다

새바람 분다, 반도 삼천리 신명 나게 돌아보세
매의 눈 부릅뜨고 노린 것은 단박에 낚아채라
숨긴 진실은 감추려 할수록 거짓말만 보이네
바닷속 어린 넋 아직도 눈 차마 감지 못하네
무엇보다 골든타임 왜 놓쳤다는 변명도 없네
요즘 돌아가는 세상사 눈꼴사나워 못 봐주겠네
천만 개 촛불 들고 광장으로 나갔던 것이라네
모름지기 정치(政治)는 바르게 세상 돌아가는지
똑똑 두드려 살펴 국민만 위하라는 명령인데
똑소리 나던 사람들의 모르쇠는 유행 탔구나.

ㅇ지금부터 시작이다

병신년 가도 정유년 있다는 시쳇말 진짜였네
세상이 천만 번 뒤집혔다만 이런 꼴 처음이네
닭도 먹을 것 생기면 이웃 불러 나눠 먹는데

재벌들 생색내며 방송 타는 베풂도 시들부들
믿었던 정치는 버팀목이 아니라 걸림돌일 뿐
훌훌 털고 간 세월처럼 버릴 것 몽땅 버리세
지금은 오늘의 끄트머리, 이제부터 시작이다
밤을 하얗게 새웠다고 한들 이 모양 이 꼴이라
절필 12년째 구천몇백 명에도 끼지 못했다만
너마저 우스갯소리로 치부해버리면 급실망이라.

o 추억은 언제나 아름다워

암행어사 꿰찬 사시 신동은 처가만 들락날락
비서, 안보실장 완장 차고 칠순에도 부역하니
있으나 마나 대통령, 열불 나 복장 터진 민심
고산병 약효 탓에 눈치 없이 뻣뻣하고 뻔뻔해
왕년에는 하늘 높은 줄 모르며 한가락 했는데
뒷배 봐주는 이 없는 이력서 깊은 잠에 빠져
갈 데는 넘쳐나도 오라는 데 없었던 명퇴 이후
까까머리 자식 학비 식솔들 삼시 세끼 걱정에
이판사판 공사판도 웬 떡이냐 빌붙었던 지난날
언제라도 돌이켜보면 추억은 아름답고 그리워라.

○새바람 분다, 어깨 걸고 나가자

가지 말라 애원해도 세월은 허투루 가지 않아
어깨 서로 걸면서 더 밝은 세상을 꿈꾸는 오늘
마을과 쑥잎 짓이겨 친친 동여매도 시린 뼛골
촛불로 타오른 울분과 실망은 아직도 진행 중
새벽, 세상 곳곳에 피 울음 울어대는 깊은 뜻
백록담에서 백두산 천지 돌아 독도와 연평도로
우리 사는 마을 구석마다 회오리쳐 도는 바람
4350년 전부터 세상 이롭게 할 용광로에 달궈
깊은 바다 저편으로부터 탐라국 형제바위 뚫고
나보란 듯 붉은 혹은 금빛 찬란하고 힘차구나.

-2017년 〈일간경기〉 신년시

초읽기

 아무래도 형세가 요상하게 변했다. 좌하와 좌상귀에 약 20여 집의 실리는 챙겼으나 장고의 보람도 없이 근근이 살아남은 형색이다. 중앙의 백 한 점은 비록 힘이 빠진 모습이지만, 일단 숨을 가다듬고 반격을 개시한다면 거대한 진용을 갖출 공산도 크다. 현재까지의 흐름으로 보아 승부는 예측불허, 지금은 흑이 승리를 장담하고 있으나 아직은 때가 이르다. 맥이 뚫려 흐름이 바뀌면 역전의 기회는 얼마든지 있다. 방심은 곧 실패, 한 점이라도 기회가 생기면 단수쳐서 옥죄고 귀를 살리는 길이 유일한 전술이다. 상식이 곧 최상의 무기이니 무모한 승부수로 맞선다면 대세의 흐름에 거역하는 것이 되나니,

 "이번에 출마한 김경젭니다, 잘 부탁드립니다."
 등 뒤에서 젊잖게 허리를 굽히는 신사가 있었으나, 판맛에 푹 빠진 노인들의 눈알은 여전히 반상에 박혀 옴짝달싹하지 않는다.
 "푼수데기마냥 왜 거기다 둬?"
 "이 사람, 정말 헤까닥했구먼."
 참다못한 장 노인이 일갈하며 조졌다.

이원규

전경만

반쯤 남은 달빛
그대의 향기는 한결같아서
가을비
땅속을 가로지르는 인생
비정규직에게 고함
시대유감
저녁 뉴스에 밥알이 곤두서고
휴일
임금피크제
소쩍새 운다 울어

기자, 서울 출생
현)경기미디어포럼 회장, 경인뷰 대표
장편소설 『적도의 꽃』〈경인뷰〉에 연재 중

반쯤 남은 달빛

가면 간다고 말이나 하지
오면 온다고 말이나 말지
불쑥 왔다가 횡허케 가고
차고 넘치는 소금 항아리에
반쯤이나 남은 달빛이 쳐들어간다

가면 간다고 말이나 하지
벌렁대는 새가슴은
혹시나 행여나 기다려본다.

그대 향기는 한결같아서

그대의 향기는 늘 한결같아서 좋다
그대의 향기는 진하지 않아서 좋다
차가운 저녁 하늘 동쪽 오리온처럼
환한 불빛을 보이듯…
그대는 늘 빛나 보이시더라!
이른 아침의 이슬처럼 사라지지 않고
늘 고여 있는 샘물처럼
오래오래 곁에 있어 그대는 늘
생각의 언저리쯤에 계시더라
그대의 향기는 늘 한결같아서 좋다
그대의 향기는 진하지 않아서 더욱 좋다.

가을비

여름이니
나는 가을비야

폭염으로 세월이 녹아드는 밤
가을비에 함 흠뻑 젖어

풀벌레 자라나는 소리
과일이 익어가는 소리
함 들어 볼까

들리니
빗물에 속삭이는 세월의 소리를

잠시 잠깐
계절은 시간의 예속자인 것을

땅속을 가로지르는 인생

땅속을 가로지르는 인생일지라도
저문 날에는 사랑하고 싶다
온밤을 지새우는 병정처럼
밝힘이 소용없는 새벽에 이르기까지…
저문 그 날에는 사랑하고 싶다
아스팔트에 서리 내리는 소리에 눈을 떠
거울을 보니 또 다른 아침이 왔음을 안다
그날에 못다 한 사랑들이
꺼져가는 네온처럼 가물가물 사라질 것만 같은
새벽 시간에 하얀 서리가 내린다.

비정규직에게 고함

당신이 비정규직이라면 나서지 말라
비정규직의 산재처리는 정규직과 달라
모호함이 우선순위 일 수 있으며
때로 정규직이 아니라는 이유로
보험처리조차 받을 수 없음을 기억해야 한다

때로 위험한 일에 직면했을 때는
정규직에게 사고를 맡겨야 한다
비정규직은 아주 불행하게도
좋은 일을 하고서 보상은커녕
좋은 소리조차 들을 수 없을 때가 다반사이기 때문이다

비정규직에게
책임을 져야 하는 일이 발생한다면
당신이 받는 보상의 정도가 정규직과 다르기 때문에
아주 작은 범위 내에서 책임을 지도록 해야 한다
더 나설 경우 다른 정규직에 의해
계약 해지될 수 있음을 기억해야 한다

정규직이라고는
정규군 입대밖에 없는 당신에게
당장 눈앞의 교통사고에서
사고자를 구하기 위한 당신의 행동은
계약해지 또는 자가 치료비용 부담이라는
위험한 생계적 갈등만 남길 뿐이다

때로 단체장이나 선거에 임한 자들이
일자리 만들었다고
큰소리 **뻥뻥** 치는 그 순간
그 일자리가 비정규직임을 알고 있어도
슬퍼하거나 분노하지는 말지어다
그놈들도 알고 보면 비정규직이다
다만 대접받는 자리일 뿐…

대한민국 노동자의 절반에 해당하는
비정규직이
연애를 하거나
결혼을 한다거나
아이를 낳는다거나 하는
행동에 돌입하는 그 순간이
바로 비정규직의 비정상적 사회생활일 뿐이다.

시대유감
―적자생존의 시대

하늘은 언제나 높으나
사람은 권력이 더 높다 한다
하면 된다는 신념 아래
권력은 역사도 바꿀 수 있고
철학도 바꿀 수 있다고

무엇이든 하면 된다며
우러러보지 않는 자를 경멸하며
지붕 위의 고고한 한 마리 닭처럼
권력은 자신이 하늘보다 귀한 존자라고 한다

태어나는 순간부터 권력을 쥐고 태어나
세상의 모든 것이
자신으로부터 시작되는 것이

합당하다고 굳게 믿고 있는 권력은
단 한 번도 왜 자신의 고집을 꺾어야만 하는지
그 이유를 알지 못한다

오만한 권력에 핑계는 자연스러운 문고리이며
약속은 봄바람일 뿐이다
오만한 권력을 향한 지적은 체제전복이며 종북이고
귀한 존자를 이해 못 하는 하층민들의 아우성일 뿐

그럼에도 아우성이 촛불이 되고
촛불이 횃불이 되고
횃불이 용암처럼 변해서
하늘이 무섭고 땅이 두려우며
사람이 권력 앞에 있다는 것을
오만한 권력은 모른다.

저녁 뉴스에 밥알이 곤두서고

어스름 저녁 뉴스에 밥알이 곤두서고
엊그제 먹은 해산물이 울렁거리는데
달빛 반 남은 새벽은 어김없이 찾아오고
주섬주섬 기울여 가는 술잔 속에
제기랄,
대한민국 애국가는 언제 끝나려나.

휴일

파리도 미끄러질 빛나는 구두에
손끝도 베일 칼 주름 셔츠를 입고
까만 안경 폼 나게 걸치고
휘적휘적 걸어가는 그 길에
이 새끼나
저 새끼나
북적북적 애새끼들 데리고
깔깔 호호, 깔깔 호호
담배 문 죄인은 구석에 앉아
마누라 올 때를 하염없이 기다린다.

임금피크제

늙은이의 목을 쳐
동량의 활로를 열겠다는
철없는 정치인의 목소리가 높다

일자리 늘리겠다며
쥐뿔도 안 되는 노동자의 자산을 쪼개는 것이
무어 그리 정당할까

자본가의 나눔은 없고
노동자의 나눔만 강요해 늘어나는 일자리가
사실은
정치적 농간이며
자본가의 속임수라는 것을 모르지 않는다.

한 명의 자본가가
백만의 고혈을 쥐어짜고 또 짜고
이제는
노동자 서민을 위한다는 정치인들까지 가세해
노동자의 고혈을 나누자고
날뛰는 세상이다

쪼개려면 자본가의 돈을 쪼개야지
노동자의 돈을 쪼개
어쩌자는 것이냐며
이 악물고 떠들어도
들은 척도 안 하는 온갖 자본의 문고리들에도
아침은 공평하고 또 공정했던 모양이다.

소쩍새 운다 울어

소쩍새 운다 울어
담뱃재 끝에서
가물가물 아물아물
아라비안나이트도 울고 갈
긴 사랑 이야기 끝에서
아물아물 가물가물
소쩍새 또 운다
밤새 안녕하라고.

황백조

파란 낙엽
백조와 호수
가슴과 머리
산수유 추억
메마른 가슴
소라의 이야기
하얀 도화지
영원한 사랑
그런 날 있잖아요
잃어버린 다리

꿈을 먹고 사는 여인. 충남 홍성 출생
전)한양문인회, 시사모 회원
계간 『한국문학세상』에 「나는 물이 되어」 등 발표

파란 낙엽

나는 그대가 죽도록
보고파서 눈물에 젖어

물도 들이지 못한 채
파란 낙엽으로
떨어지고 말았네

사랑비가 내리기 전에

백조와 호수

나 홀로 외로이
의왕에 있는 왕송호수에 풍덩
커피 한 잔으로 허전한 마음
달래보기 위해 잔잔한 호수에
아픈 사연 던져본다

호수는 말이 없고 외롭게
빈 의자는 변함없이
그 자리에
오지 않는 주인을 기다리고 있는 듯
쓸쓸히 낙엽만 뒹굴고 있구나

가을에 바람이 구멍 난 이 가슴에
회오리치며 들고나는데 누가
가을을 아름답다 했을까
이 밤도 내 가슴에는 바람이
멈추질 않고 허공을 맴돈다.

가슴과 머리

내 가슴이 조용히 말합니다
누가 나 때문에 아프다면
내 가슴은 백배로
더 아픈 것이니
남의 가슴 아프게
살지 말라고

머리는 조용히 말합니다
나도 그리 살고 싶지만
날 아프게 하는 건
어찌하면 좋으냐고

가슴이 또 말합니다
아프게도 아프지도
말라 합니다

머리는 또 말합니다
나도 그리 살고 싶지만
뜻대로 안 되는 건
어찌하냐고

가슴이 토닥토닥
두들기며 말합니다
그럴 때는 좀 쉬면서
마음을 달래주라네

이래서 가슴과 머리는
따로 놀지요
생각과 가슴이
느끼는 것이 다르기에

산수유 추억

산 좋고 공기 좋고 물 좋은 구례
지리산에 포근히 안긴 산수유 마을
아침 햇살 눈부시고 산수유 향이
나를 유혹하네 꽃길 따라 계곡 따라
오르고 또 오르니 사랑공원 나오네
계단 타고 올라가 언약의 문 따라가니
홍해리 시인님의 시가 있네
산수유 그 여자 눈에 밟히네
너무도 반가웠지 내가 존경하는
시인님의 치매행 시집 읽을 때
아내를 사랑하는 시인님 마음에
눈물을 한 바가지나 쏟았지.

몇 발자국 지나니 내 마음을
받아주라네 그 마음 받아주고
내 마음도 살며시 내주었지
이렇게 우리는 영원히 함께
하자고 산수유 그 여자 앞에서
다짐하고 언약했네, 수많은

시련과 아픔 속에서 잘 버티고
기다려 준 그대에게 고맙고
감사하다는 말밖에 할 말이 없네
이제는 아프게 안 하겠습니다
서로 잡은 손 놓지 말고 가는
그날까지 영원하리라 약속해요.

메마른 가슴

가슴이 메마르고
사랑이 없는 사람

그런 가슴에서
사랑을 캔다는 것은
갈라진 논바닥에서
펌프로 물 퍼 올리기와 같다

사랑은 서로의 가슴에서
온정이 느껴질 때
이루지는 것이다
아무리
사랑은 주는 거라지만
사랑은 주는 것보다
서로 부족한 점을
채워주는 것
그러기에 일방통행은 없다

나이가 들어가면서
나는 알았네.

소라의 이야기

나에게 귀를 대고 들어봐
찰싹찰싹 파도치는 소리
들려오지

나에게 귀를 대고 느껴봐
사랑한다는 그대 마음
느껴지지

나에게 입을 대고 말해봐
나도 너를 아주 많이 사랑하고 있다고
그대 가슴속에 전해질 거야

우리는
바다만큼 넓은 마음으로
서로서로 사랑하자고 말할 거야.

하얀 도화지

하얀 도화지에는
그려야 할 그림이 너무도 많지만
마음이 하얀 가슴에는
하트도 그릴 수가 없구나

너무나 깨끗하다 보니
가슴에서
사랑을 찾아볼 수도 없고
어떻게 그려야 할지
망설임 속에서
그렇게 그렇게
시간은 자꾸자꾸 흐를 뿐
참으로 안타까움만
쌓여가는구나

누가 그 가슴에
사랑의 하트를 그릴 수 있을까
눈꽃이라도 핀다면
백지 가슴에 연붉은
하트라도 그려질까

날마다 그렸다 지웠다
눈물 자국만
하트로 구멍 낼 뿐이다.

영원한 사랑

그대가 나에게 던진 윙크
내 마음을 사로잡았지
내 허물을 눈감아주고
사랑한다는 뜻이잖아
두 눈 크게 뜨고는
사랑할 수가 없거든
서로에 허물이 보일 때
실망하게 되거든
서로서로
잘못을 눈감아 준다는 뜻으로
서로의 윙크 속에
사랑은 뜨겁게 불타오르지
영원한 윙크 속에서 살고픈
내 마음 잘 알고 있는 거지
한 눈은 크게 뜨고
이쁜 것만 봐주고
한 눈은 지그시 감고
부족함을 덮어준다면 좋겠어
영원히 사랑한다, 말해줄래.

그런 날 있잖아요

이유 없이 가슴에 상처가
크게 느껴지는 날

그런 날 있잖아요
이유 없이 울고 싶은 날

이런 날은
하늘도 내 맘을 아는지
꼭 부슬비가 내리고
장대비가 되어
내 가슴을 내려치지요

오늘이
그런 날인 것 같습니다

이유 없이 마음이 아파서
울고 싶은 날

잃어버린 다리

산에 오르기 전 계단 앞에서
날 맞이하는 산비둘기 한쌍이
야물야물 잘도 논다
근디 어찌 된 일인가?
한 마리는 여기저기 뛰고 노는데
한 마리는 웅크리고 있는 게 아닌가!
가까이 다가가 봤지만 날지도 않네

다친 줄 알고 살짝 안아보니
이게 웬일인가!
다리 한쪽이 없구나
눈물이 핑 돌았다
한쪽 다리로 버티고 걷고
옆지기 비둘기는
옆에서 보듬으며 데리고 다니네

사람이나 짐승이나 혼자라는 건
참 외로운 것이라는 걸

새삼 느끼면서
모든 싱글의 아픔이 스쳐 지나간다

다리는 잃었지만
옆지기는 남아있네.

| 작품해설 |

■ 12인 시집을 펴내면서

누군가의 인생길에서
이정표가 된다면

○ 슬슬 들어가면서

얘기 끝에 시집 한 번 엮자는 의견이 나왔을 때, 그러지 뭐 하면서 좋다고 생각은 했지만 팔리지도 않을 시집 왜 내느냐는 의견에는 마땅한 구실이 떠오르지 않았다. 여러 사람이 십시일반으로 갹출해 시집을 내자는 의견까지는 좋았는데, 왜 내느냐는 걸림돌은 들어내기로 했다. 떡 본 김에 제사 지내고, 엎어진 김에 쉬어간다고 했다. 그리하여 때는 이때다 싶어 농담 삼아 결혼식을 하겠다고 했더니 모두 무릎을 '탁'치며 좋아했다. 그래서 급히 서둘러 제2차 결혼계획을 화끈하게 앞당겼다.

남자와 여자는 화성과 금성에서 온 존재가 아니다. 둘이 만나 사랑을 나누며 세상 끝날 때까지 함께 살면 좋겠지만, 얄밉게도 운명이 앞을 갈라놓는 경우도 있다. 물론 운명을 거스르지 않고 알콩달콩 잘사는 사람들도 있지만, 이래저래 해서 여기까지 오게 된 것 또한 운명이다. 나는 결혼 생활에 한 번 실패한 경험이 있고, 그녀는 결혼 상대자가 뭣이 그리 급했는지 먼저 내려갔을 뿐이다.

　이 시집에는 김선우 시인을 비롯한 12인의 시 10편씩을 가려 뽑아 쟁여놓았다. 사람마다 개성이 있고, 살아온 삶의 여정 또한 들쑥날쑥 울퉁불퉁 다름으로 온갖 소리로 떠들썩하다. 그래도 공통분모를 찾았기에 기분은 좋다. 이 시집은 문학의 길을 함께 가는 지인들의 넉넉한 마음 씀씀이가 담긴 축하의 부조이며 나눔이다. 그래서 의미가 더할 나위 없이 찬란하고 귀한 빛으로 남을 것이매, 그 고마움의 표시로 한 집 한 집 방문해서 최상의 예(禮)를 표하나니,

I 김선우
- 그리운 어머니께 올리는 해방둥이 시인의 편지

 김선우 시인은 어머니를 소재로 한 작품을 유난히 자주 발표한다. 누구나 그러하겠지만, 어머니는 늘 그리움의 대상이다. 더군다나 이 세상에 계시지 않을 때는 더 말할 필요조차 없다. 인간이나 짐승은 모성에 기대는 본능이 있다. 어머니가 떠오르면 조금이나마 정신적 위안이 되고 자아 성찰의 계기로 삼을 수 있다. 해방둥이인 그의 시는 개인사적 기록이지만 시대를 아프게 살아온 어르신들의 증언이라서 새겨두어야 마땅하다. 이 시집의 맨 앞으로 내세운 '냉이꽃 편지'에서처럼 과거의 기억이 이토록 아프게 감지되니 말이다. 그처럼 추억과 외로움에서 벗어나려는 간절한 구원의 메시지는 시 창작을 통해서 이렇게 해소된다.

II 김용원 - '우리 집을 세운' 아버지처럼

 우리가 사는 현실은 만만하지 않다. 자신만의 생각이 판치는 세상이다. 김용원 시인은 그러한 세상에 휩쓸리지 않고 자신의 분야에서 유능한 CEO로서 책임과 의무를 다하며 오래도록 버티고 있다. 헤겔의 말처럼 '가장 현실적인 것이 가장 합리적'인 것임을 그는 이미 알아챘다. 세상은 부조리하므로 세상에서 안주할 곳도 자기 자신이다. 고향 이야기와 아버지 그리고 문학의 스승이었던 김대규 시인을 향한 그리움은 그의 작품 속에서 강물처럼 흐른다. 그는 현재 오산시 독도사랑운동본부의 회장이기도 하다. 새봄을 맞이해 상추 모종을 했는데 그만 꽃샘추위가 닥쳤다. 외로운 섬 독도보다 더 외로운 자신은 스스로 지킨다.

Ⅲ 김용희 – 멈추고 싶은 순간, 그러나 뜨거운 사랑

김용희 시인의 시는 어렵지 않다. 쉽게 써야 마음으로 와 닿는다. 사람이 시를 쓰는 이유는 마음을 숨겨둘 여백이 그곳에는 있을 것 같아서일 게다. 누구에게나 그리움은 머문다. 그 그리움은 다름 아닌 자신의 마음속에서 넘치는 어느 날의 추억일 수도 있다. 올려다보면 금방이라도 와르르 무너질 것 같은 하늘에 떠 있는 달처럼 전 생애가 통째로 저린다. 더 일찍 해야 했을 멈추고 싶었던 순간은 누구에게나 있다. 그는 감정에 함몰되지 않고 차갑지만, 자신을 향한 사랑만큼은 뜨겁다. 다른 이들의 시선이 채 가닿지 않는 소재나 한 토막 이야기도 그의 손길이 닿으면 새로운 의미로 선명하게 떠오르는 이유가 바로 그 때문이다.

Ⅳ 박민순 – 꽃 중의 꽃은 역시 어머니

　박민순 시인이 주로 다루는 소재는 평범한 생활이나 작은 사물에서 나오지만, 그 상상력의 확장은 꽃과 어머니를 통해서 놀랍도록 구체적으로 형상화된다. 길가에 핀 하찮고 대수롭지도 않은 작은 꽃을 보고도 그것을 자신의 작품 속으로 끌어와 소중하게 살린다. 쉽게 만났다가 떠나는 사람들, 사시사철 변하는 풍경 혹은 꽃과 식물들의 이미지를 마치 스냅사진을 찍듯 단출하게 그려낸다. 그는 주로 수필을 쓰다가 뒤늦게 시를 겸업했지만, 어느 틈에 가속도가 붙어 그 힘이 매우 거세졌다. 그의 눈은 예사롭지 않다. 특히 우리말과 우리 꽃들을 향한 애정이 대단하다. 꾸준한 관찰과 열정이 얼마나 중요한지를 그가 몸소 보여준다.

V 서정택
- 시적 대상물을 일상에서 찾고 그것에 생명을 불어넣어

 시는 역시 입심이다. 하지만 말은 바로 하면서 시를 비뚤게 쓰는 시인들도 많아졌다. 좋은 작품으로서의 성패는 다양한 삶의 모습을 얼마나 절절하게 형상화했느냐에 달렸다. 서정택 시인은 시의 소재를 생활 주변에서 찾고 그것들에 새로운 생명을 불어넣어 맘껏 뛰놀게 한다. 그는 자신의 작품을 거의 술술 암송하는 정도로 진한 애착이 있다. 그의 시는 읽으면 읽을수록 눈에 밟히듯 선명하게 다가오고 감칠맛이 있다. 노련한 언어 조련의 솜씨로 풀고, 맺고, 되치면서 능수능란하게 문장을 요량껏 재고 다듬어 제자리에 끼운다. 우리 시 시조의 마력에 완전히 빠진 그는 이미 큰 상도 받았다. 그 기세를 몰아 훌쩍 크면 좋겠다.

Ⅵ 손창완
- 소소한 일상에서 세상을 바라보는 또 다른 힘

손창완 시인의 시는 하찮은 대상에게도 자신의 마음이 닿을 때까지 오래도록 정을 주면서 애틋하게 바라본다. 그는 결코 소소한 일상도 배제하거나 소외시키지 않는다. 그렇게 집중하면서 그들의 속내를 캐내는 열정이 있다. 현실을 그대로 보여주지 말고 적당한 비판 정신을 곁들여 버무린다면 더 맛있는 진국이 될 것이다. 주요한 시적 대상이 되는 것은 생활 주변에서 쉽게 접하던 일상이나 자연 그리고 사물이다. 세상을 어떻게 바라보느냐에 따라 세상은 얼마든지 다르게 보인다. 고향을 사랑하는 그 마음처럼 치열하게 자신의 가슴을 열어 오래도록 껴안으면 시적 대상도 피가 돌고 숨을 쉬는 새 생명으로 거듭 되살아난다.

Ⅶ 양길순 – 곡진한 삶의 무게 믿음으로 승화

양길순 시인의 시는 평범한 소재를 그것도 일상어로 쉽게 풀어쓰면서 여성 특유의 감성으로 삶의 곡진한 무게를 부드럽게 녹여 낸다. 탄탄한 묘사력이 뒷받침되지 않았다면 이런 감동에 이르지 못했을 것이다. 사물을 관조하는 자세가 늘 섬세하고 민감해서 사뭇 조심스럽다. 지난날의 소중한 기억들은 소중하지만, 너무 오래도록 간직할 필요는 없다. 선입견으로 쉽게 넘기지 않고 생활 속 경험이나 사소한 사물들까지도 자신의 공간으로 끌어들여 작품으로 만드는 열의가 돋보인다. 또한, 그때 동원되고 있는 언어들이 평범한 일상어라서 시의 행간 속에서 편하게 자리 잡고 있다. 낯설지 않고 친밀감하고 격조 또한 있어 든든하다.

Ⅷ 이상정 – 버킷 리스트 실행으로 떠나는 여행

이상정 시인은 지금 이 시각, 아들과 함께 시베리아 벌판을 횡단하는 중이다. 미국과 유럽에 이어 이번은 세 번

째 장기 여행이다. 이번에도 근 한 달간 계획으로 핀란드 헬싱키까지 다녀올 것이란다. 그는 낯선 길도 거침없이 찾아간다. 우리가 가는 인생길도 그렇게 가야 한다. 기쁨과 슬픔이 앞서거니 뒤서거니 하지만, 지나고 나면 별것도 아니었다. 따라서 크게 기뻐하거나 크게 절망할 필요도 없다. 그는 귀국하면 또 다른 버킷 리스트를 실행으로 옮기려고 준비할 것이 뻔하다. 물론 그러한 여행은 그의 시 세계를 폭넓게 확장하는 데 커다란 영향을 주었다. 뜨거운 삶을 살았기에 애증과 애환조차도 그의 시 안에서 꿈이 된다.

IX 이서연
− 사랑은 우리가 소중하게 지켜야 할 정신적 유산

'사랑'은 예나 지금이나 시인들이 선호하는 주제 중 하나이다. 앞으로도 끊임없이 사랑시는 나올 것이고 사랑시 한 편 쓰지 못했다면 시인도 아니다. 그만큼 사랑은 우리가 소중하게 지켜야 할 정신적 유산 가운데 하나이다. 사랑은 과연 어디로 가는 것일까. 이서연 시인의 시는 절제와 균형이 있다. 언어를 다루는 솜씨가 앙큼스러울 정도로 노련하다. 맺고 풀며 굽이치는 여운을 남긴다. 시상의 흐름을 낚아채는 악력(握力) 또한 대단하다. 말을 적게 하면서 행간의 여백과 침묵을 한껏 활용해 간결하다. 오랜 세월 동안 시조를 통해 작품을 써왔던 저력이 심중에 녹아 있어 술술 읽히며 산사에서 차 한 모금 마신 듯 깔끔하다.

X 이원규
- 세상 돌아가는 이야기에 미친 불온한 노동자

모든 글쓰기는 김수영의 말을 빌린다면 '불온한 것'일 수밖에 없다. 그 불온함이란 바로 시대에 대한 고정관념과의 결별이다. 세상 돌아가는 사정을 글로 쓰는 게 내게 주어진 임무다. 나는 지금도 불특정다수와 거래하는 불온한 글 노동자이다. 회사에서도 지각과 조퇴 그리고 결근이 잦으면 해고되듯이 잘리지 않으려고 전전긍긍하며 글에 매달리는 생활의 연속이다. 내가 쓴 원고가 '편집 OK'가 나면 그 글은 내 것이 아닌 독자의 몫이 된다. 불

광불급(不狂不及), 미치지 않으면 미치지 못한다. 살아남기 위해서는 지독하게 써야 한다. 습관적으로 쓰지만 시는 순간적인 아이디어가 아닌 오랜 생각 끝에 나온 깨달음의 발명품이다.

XI 전경만
– 매의 눈을 가진 노련한 전사는 항상 출동대기 중

전경만 국장은 20여 년 이상 신문으로만 밥을 먹은 베테랑 기자이다. 지금도 경인뷰에 연재되는 소설 '적도의 꽃' 문장은 시보다도 더 아름답다. 우리와는 상관없을 것 같은 사람살이의 파란만장, 그 고통스러운 삶과 슬픔 그리고 기쁨의 순간까지도 그는 매의 눈으로 노려보면서 세상을 산다. 모순과 부조리가 만연한 기이한 우리네 삶의 현실은 자신의 행복에만 급급하다. 당연히 타인의 고통에는 담대하고 무관심하다. 다시 말하면, 방관자이며 이기주의자가 돼야 편안하게 잘 먹고 잘산다. 그는 세상과 정면으로 맞싸우는 노련한 전사이다. 손해를 감수하면서까지 항상 전투태세로 출동대기 중인 지독한 독기의 매의 눈을 가진 사나이다.

XII 황백조
– 때로는 누군가의 인생길에서 이정표가 된다면

황백조 님의 시는 일상에서 부딪히는 소재를 예리하게 순간 포착하여 거침없이 내지른다. 때로는 세태를 풍자하고 비판하며 조롱하는 재치와 넉살도 보여준다. 전혀 낯설지 않게, 어렵지도 않게, 감추지 않는 직설화법이라서 통쾌하다. 일부러 독자가 이해하기 어려운 낱말을 쓰지도 않고 별것도 아닌 것을 내세우거나 아는 체하며 고리타분하게 설명하려 들지도 않는다. 털어놓기 힘들 것 같은 삶의 모습도 꾸미지 않고 솔직하게 현실 그대로의 민낯을 보여준다. 그래서 뒤끝이 없고 개운하다. 이제부터는 기찻길로 기차가 지나가듯 서로 의지하면서 함께 인생길을 달리면 된다. 때로는 시 한 편이 누군가의 인생길에서 이정표가 되기도 한다.

○ **실실 빠져나가며**

　니체(Friedrich Wilhelm Nietzsche)는 "글을 쓰려면 피로 써라 (…) 다른 사람의 피를 이해하기란 쉽지 않다. 그래서 나는 게으름을 피우며 책을 읽지 않는 자를 미워한다."고 말했다. 또한, 열자(列子) 〈탕문(湯問)〉에 이런 대목이 나온다. "옛날에 기창(紀昌)이라는 사나이가 활 쏘는 법을 익혔다. 이 한 마리를 소털에 묶어 남쪽 창가에 매달아 놓고 날마다 쳐다보았더니, 열흘 뒤 이가 크게 보이고, 3년이 지나서는 수레바퀴 크기로 보였다. 그래서 활을 당겨 이를 쏘았더니, 그 심장에 관통했다." 적어도 이 정도의 단계에 올라서야만 '나도 시인'이라면서 사람들에게 명함을 내밀 수 있으리라.

(경암 이원규)

12인 시집

달빛에 사랑을 담다

초판 인쇄   2018년 4월 21일
초판 발행   2018년 4월 25일

지은이 김선우 외 11인
발행인 임수홍
편 집 김용채
디자인 맹신형

발행처 도서출판 국보
주 소 서울 강동구 양재대로 114길 32 2층
전 화 02-476-2757~8   **FAX** 02-475-2759
카 페 http://cafe.daum.net/lsh19577
E-mail kbmh11@hanmail.net

값 10,000 원

ISBN 979-11-89214-00-5

· 저자와의 협약에 의해 인지는 생략합니다.
· 이 시집의 글은 저작권법에 따라 보호를 받는 저작물이므로 저자와 출판사의 동의 없이는 무단 전재 및 무단 복제를 금합니다.

· 잘못된 책은 바꾸어드립니다.

「이 도서의 국립중앙도서관 출판예정도서목록(CIP)은 서지정보유통지원시스템 홈페이지(http://seoji.nl.go.kr)와 국가자료공동목록시스템(http://www.nl.go.kr/kolisnet)에서 이용하실 수 있습니다.(CIP제어번호: CIP2018013282)」